# 若き知性の君に贈る

池田名誉会長のスピーチ・指針集

For the Bright Young Minds of Tomorrow

池田名誉会長夫妻

# 目次

# 凡　例

一、本書は、池田名誉会長の左記の著作および「聖教新聞」に掲載されたスピーチ等の中から、学生・青年に関する指針を抜粋、加筆し、「スピーチ・指針集」として収録したものです。

＊

『池田大作全集』『小説　新・人間革命』『詩集　月光の城』など。

一、「随筆　新・人間革命」の年月日は、掲載日を記しました。

一、本文中、御書の引用は、「新編日蓮大聖人御書全集」（創価学会版）を、（御書　ページ）と表記しました。

——編集部

# 第一章

# 句・和歌

新世紀
担《にな》いて立ちゆけ
学生部

学生部
知性と勇気の
広布かな

師弟不二
尊極《そんごく》勝利は
ここにあり

素晴らしき
創価の二世《にせい》の
君たちが
勝利が使命と
断固と立ちゆけ

素晴らしき
知性と情熱
漲《みなぎ》りて
世紀の勝鬨《かちどき》
わが弟子 見つめむ

君たちは
世界の学者に
先駆《さきが》けて
仏法博士の
称号《しょうごう》贈らむ

いざ共に
最高 無上の
人生を
肩組み 励《はげ》まし
堂々歩めや

如何《いか》にせむ
天下に人無く
暗転を
汝《なんじ》の力で
大道　見出せ

燃やし立て
広宣流布の
仏勅《ぶっちょく》の
厳《げん》たる使命を
いかにぞ忘れむ

偉大なる
誉《ほま》れの英才
君たちよ
一生涯の
土台築《きず》けや

嵐にも
また怒《ど》濤《とう》にも
哲学の　大英雄の
旗を振りゆけ

絶対にこの人生を負けぬ
英雄たることを信じつつ

我が運命《さだめ》
是《か》くもあるかと
決意せば
恐るるものなく
悔《く》いるものなき

人の世の
儚《はかな》さ思いて
今日もまた
我は確かな
人生深めむ

21世紀の大指導者になりゆく
大切な我が学生部の諸兄《しょけい》に贈る

〈大学会〉

大学会
黄金輝《かがや》く
広宣の
柱と光れや
創価の城にて

〈飛翔会〉

耐えぬきて
勝利を勝ち取れ
この一生

〈折々に学生に対して贈られた箴言《しんげん》〉

学は勝利
学は栄光
学は人材
学は不滅《ふめつ》
学は社会の勝利の源《みなもと》
学は特権なり
学は一生の宝
学は自身の輝《かがや》き

学は自由の源泉
学は勝利の武器
学は人間完成の土台
学びゆく人は　不敗
学びし人には　成功と勝利が待つ
学は光明　無学は敗北

*

勝て！　幸福のために
忍耐を！　幸福のために
勇気で前へ！　幸福のために

学び抜け！ 幸福のために
祈れ！ 幸福のために
笑顔で！ 幸福のために
強く生き抜け！ 幸福のために

＊

〈就職を控えた学生に、 富士を仰がれながら詠《よ》まれた歌〉

君よ立て 君よ勝てよと 富士の山
負けるなと 指さし見つめむ 富士の山
師も弟子も 富士の如くに 勝ち戦《いくさ》
勝ちまくれ 風雪乗り越え 富士の山

富士の山　共に仰《あお》ぎて　勝利かな
君もまた　富士の如《ごと》くに　晴れ姿
忘れまじ　共に仰ぎし　富士の山
君よ勝て　この一生を　晴ればれと
戦いの　最後の姿は　富士の山

＊

〈学生から寄せられた決意文に対して〉
君の　叫んだ決意を　一生涯　忘るるな！

# 第二章

# 指針

# 1 社会変革の使命

「新しい発想」と「新しい行動」で「新しい時代」を創《つく》る。これが、学生部に託された永遠の広宣流布の使命であります。

（二〇〇一年一月一日）

＊

新しき時代を創《つく》る人材――それは、断固たる正義の言論を叫んで叫んで叫び抜く、若き「知性の獅子」であります。信念の行動に打って出て、限りなき価値創造と現実変革のために、戦って戦って戦い抜く、強靱《きょうじん》なる「精神の闘士」なのであります。

そして、その人こそ、人生の最後の勝利者となる。所願満足の人生を悔《く》いなく全《まっと》うすることができる。

（二〇〇二年十二月二十一日）

＊

近世、世界の動向は、常に学生が指揮をとってきた。

邪悪《じゃあく》な権力に対し、戦争の軍事力に対し、陰謀と欺瞞《ぎまん》の強権に対し、不正と狡猾《こうかつ》な学者に対し、常に勇気ある民衆の先頭に立って、戦ってきたのは、学生であった。

勇敢なるスクラムを組み、革新の道を開き、新世紀の夜明けを迎えんと、暗き闇《やみ》の時代を打破しゆく、社会革命の先陣を切ったのも、学生であった。常に、学徒であった。

正しき力と真実の善の求心力と、スクラムの君たちの前進に、私は人間の魂《たましい》の宝冠よ、いざや輝《かがや》きゆけと叫びたい。


（二〇〇〇年三月二十日）

＊

青年部の諸君は、ともに次代を担《にな》うべき地涌《じゆ》の菩薩であるが、学問を身につけて世に出る諸君は、いわゆる知識階級の指導者としての使命を担っているのである。諸君よ、願わくは次の学会の骨髄《こつずい》となり、日本の大指導者となって、世界に貢献《こうけん》しうる大人材と育たれんことを。

（『小説 新・人間革命』第六巻「若鷲」の章）

＊

一人の人間の生命を変革する折伏に励《はげ》むことこそが、漸進的《ぜんしんてき》で、最も確実な無血革命になるんです。さらに、生涯を広宣流布のために生き抜くことこそが、真の革命児の生き方です。

また、君自身が社会のなかで力をつけ、信頼を勝ち得ていくことが、折伏になります。私たちが、行《おこな》おうとしていることは、未だ、誰人も成しえない、新しい革命なんです。それを成し遂げ、新しい時代を築くのが君たちなんだ。

（『小説 新・人間革命』第十四巻「智勇」の章）

＊

仏法即社会なるがゆえに、仏法者は、自身の人間革命の光をもって社会を照らし、時代建設の汗を流し続けるのだ。わが学会が、その名称に「創価」すなわち「価値の創造」を掲げていること自体、社会への貢献《こうけん》を使命とする宣言といってよい。また、そこに学会が、人類史を画《かく》する、人間宗教たるゆえんがある。

（『小説 新・人間革命』第十四巻「智勇」の章）

＊

学生部は、創価学会の知性の代表であり、学生部諸君一人ひとりの存在は、現代世界の暗黒《あんこく》の夜空に輝《かがや》く、希望の星であるといっても過言ではない。

新生創価学会の主力となって立つものこそ、まさに諸君ら学生部であると、私は確信する。そのためには、なんといっても、文化のあらゆる分野にわたる、広範な知識と深い英知が要請される。

すなわち、妙法をたもった真の科学者、医師、法律家、教育者、言論人、芸術家が輩出《はいしゅつ》し、広大な文化運動を通じて社会に貢献《こうけん》しつつ、よりよき社会へと大変革していかなくてはならない。

（一九七〇年七月五日）

＊

新しい時代の、新しい指導者として、新しい勝利の旗をかざしながら、全地涌《じゆ》の菩薩の頭脳となり、眼となって、私に代わり、断固たる凱歌《がいか》の登攀《とうはん》をなしていただきたい。諸君には、若さがある。情熱がある。理性がある。そして実践力という、かけがえのない無限の財宝があります。
この人生、この青春をけっして悔《く》いることなく、天空に生かしきって、一人ひとりの人間革命の、偉大にして崇高《すうこう》なる不滅《ふめつ》の金字塔を残していただきたい。

（一九七一年九月五日）

*

学生部の諸君は、未来に生きゆく人たちであり、これからの時代を担《にな》いゆく人材である。諸君の一人ひとりの成長は、社会の中に、どれほどの価値を生み出していくか、計り知れない。
しかし、勉強もせず、成長も考えず、低次元の存在にとどまっていては、自身も小さな境涯の世界に終始してしまうし、社会への貢献《こうけん》もできえない。
また、広宣流布は「生命の尊厳」を第一義として推進していく運動である。諸君はその後継者であり、内外のあらゆる分野のリーダーになっていくべき立場の人である。

（一九八七年六月二十八日）

## 2 民衆厳護の使命

全民衆を、自分と同じ境涯にまで高めたい。それが仏の誓願である。

その心を、わが心として「不二」の道を進んでいけば、仏と「不二」の境涯になる。それが法華経の真髄《しんずい》である。

その真髄を体現した尊極《そんごく》の和合僧が、創価学会である。

わが身をなげうって、不幸の人、貧しい人、苦しむ人を救っていく。これが大乗仏教である。創価学会の魂《たましい》である。

これを忘れたら、何のための学会か。どこまでも民衆のために——この魂がある限り、学会は永遠に発展する。

（二〇〇三年六月二十九日）

*

今こそ、指導者革命が必要である。民衆とともに生き、民衆に奉仕し、民衆のために命がけで働くリーダーが陸続と生まれなければならない。

（二〇〇二年十二月五日）

＊

南無妙法蓮華経の南無とは、古代インドの言葉である梵語《ぼんご》を、そのまま、音訳したものです。そして、妙法蓮華経は、既に意訳された漢語です。つまり、インドの言葉と中国の言葉がともに具《そな》わっているのが南無妙法蓮華経なのです。

また、御本尊の中央には「南無妙法蓮華経　日蓮」と認《したた》められていますが、この日蓮は日本語です。さらに左右に認められた十界の衆生のうち、向かって右端の不動明王《ふどうみょうおう》と、左端の愛染明王《あいぜん》は梵字で表されている。

つまり、一閻浮提《いちえんぶだい》に流布すべきこの御本尊は、梵・漢・日の三国の文字で認められている。昔の世界観でいえば、これで全世界ということになるでしょう。

私は、「御義口伝《おんぎくでん》」の御文を拝する時、南無妙法蓮華経という日蓮大聖人の仏法は、一国一民族の教えではなく、全東洋の、全世界の民衆のための宗教であるとの実感を深くします。

また、この御文が、東洋広布は、世界広布は、必ずできるということを証明していると、私は確信しております。

その世界の広宣流布の大使命を担《にな》っているのが、君たち学生部です。したがって、どうすれば、世界に正法を弘め、全人類を救うことができるのかということを、真剣に考えてもらいたい。

（『小説 新・人間革命』第六巻「若鷲」の章）

＊

諸君たちは将来、それぞれさまざまな人生コースを歩んでいくにちがいない。

私の願いは、諸君がどのようなコースを進もうとも、いかなる指導的立場に立とうとも、自ら庶民大衆の一員として、不幸な一老婦人とともに手をたずさえていく、誠実と慈愛《じあい》に満ちた人間学の権威者としての道だけは歩んでいっていただきたい、ということであります。

どのような有名人になろうと、勲章《くんしょう》をもらおうと、賞をたくさん受けようと、権力と富に恵まれようとも、虚構《きょこう》の人生を生きた人々は、最後は惨《みじ》めな瞬間を迎えなければならないという事実。

外見はどうあれ、真実一路の人生を生きぬいた人、主義主張に生きぬいた人こそ、最後にかならず人間としての勝利の凱歌《がいか》をあげる人であろう、ということを忘れないでいただきたいのであります。

（一九七三年三月十一日）

＊

「御義口伝《おんぎくでん》」には、随喜品《ずいきほん》の〝喜ぶ〟ということについて「喜とは自他共に喜ぶ事なり」（御書七六一ジペー）とあります。

自他ともに創造しながら、生命の歓喜を呼び起こしていくことこそ、真の歓喜であるというのであります。

諸君たちの身につけた学問も、知識も、そのすべてを庶民大衆の生の発展にのみ用いようと決意し、実行に移すときに、諸君自身の生の創造も可能であると申し上げておきたい。したがって、諸君たちは、学問の力をそれぞれの分野で庶民の幸福に役立てるべく努力するのはとうぜんとして、それと同時に、あらゆる人の生命の内奥からいかにして生きる力、深い生命の歓喜をともに顕現《けんげん》していくことができるかという実践に、一生をかけることを己《おの》が使命としていっていただきたいのであります。

（一九七三年三月十一日）

ひたすら民衆による、民衆のための、民衆の凱歌《がいか》の先駆《せんく》に、身をゆだねることこそ、君たちの誕生の意義であるといってよい。そこにこそ、やがて、民衆と歴史の感謝と賞讃《しょうさん》の声が残りゆくことであろう。

（一九七三年六月三十日）

＊

私たちは、ともすれば、上の人から与えられたものを受けとめ、勉強していこうといった、一般的な人間の思考傾向になりがちである。

しかし、そうした生活慣習のなかでは、どうしても創造性にあふれた主体性ある人間として、人生を生ききっていくことはできない。

求道心を燃やして向学の意欲にあふれていく姿勢は、なによりも尊く、気高《けだか》いものではあるが、そうした姿勢からもう一歩高次元に立ち、人々になんらかの価値を与えていこうとする、行動の本格派であってもらいたい。

その主体性の発露こそ、社会建設に大きな創造力を発揮しうる民衆の指導者の条件になるものである。

（一九七四年七月二十六日）

＊

どこの国であれ、どんな時代であれ、権力者の手段にされて苦しむのは、結局「民衆」である。いつまで、そんな愚行《ぐこう》を繰り返すのか。もう、そうした人類の宿命は絶対に転換しなければならない。そのために諸君がいる。

（一九九一年九月三日）

＊

悪を見抜く知性。悪にだまされない賢明《けんめい》さ。民衆の声を代弁する雄弁《ゆうべん》。正義を断じて実行する信念と勇気――どうか若き諸君は、これらをあわせもった偉大な指導者に育っていただきたい。

民衆に渇望《かつぼう》され、会員に慕《した》われゆくリーダーこそが、今後ますます必要となる。民衆から離れて、どんな地位に就《つ》いたとしても、それは幻《まぼろし》であり、無価値である。

「民意の時代」である。ゆえに「民衆の要請に応える人」「民衆の声を叫びきれる人」でなければ、人々から支持されないのは当然である。

（一九九一年九月三日）

## 3 創価後継の使命

わが青年部は、創価学会の後継《あとつ》ぎである。人類を救う英雄である。

英雄は、負けてはならない。三世永遠に、どんな困難にも断じて負けない——これが英雄の条件だからだ。私も、絶対に負けなかった。嫉妬《しっと》の攻撃にも、全部、勝った。

何ものにも壊されない金剛不壊《こんごうふえ》の仏の生命。それを涌現させるのが信心である。人間革命である。

青年部の皆さんは、人々の幸福のため、社会の平和と繁栄のために、「哲学の究極」である仏法を、現実の上で実践している。これほど崇高《すうこう》な、価値ある青春はない。これほど充実した、最高の人生の道はない。

皆さんは、全人類の先端を走っている。世界の青年の模範なのである。

（二〇〇三年二月五日）

牧口初代会長のあとを戸田会長が、そしてその後を私がバトンを受け継ぎ、諸君たちのお父さんやお母さんとともに今日の学会を築いてきた。

その晴れやかな人間の舞台で、諸君がまた道を受け継ぎ、それぞれの分野で将来にわたって着実に開いていっていただきたい。

（一九七四年七月二十五日）

＊

私とともに、どのような事態にあっても微動《びどう》だにすることなく、創価学会の後継者として立派に成長していってほしい。

社会的な名声というものが、自然ににじみでてくるのは、四十代になってからである。十代、二十代で学んだことが、ほんとうに輝《かがや》いてくるのは四十代である。

しかも、諸君たちは、最高唯一の信仰をもっている。福運即英知のリーダーとして、四十代以降の大飛躍をめざして、大きく社会に花を開いていってほしい。社会に〝蘇生《そせい》の光〟を送ることのできる、力ある指導者に成長しうる諸君たちの人生こそ、最高に恵まれた人生であると強調したい。

（一九七四年七月二十七日）

## 4 師弟・学会精神

戸田先生は、学生部結成大会（一九五七年）で言われた。「この中から、半分は重役に、半分は博士に」。一人ももれなく、次代の指導者にと期待された。

この一言を、私は真剣に受けとめた。「人を育てよう！」「無数の博士を必ず、断じて出してみせる！」。そう祈りに祈った。身を挺《てい》して、人材を育てた。

戸田先生の指導を聞き流し、忘れ去ってしまう愚《おろ》かな幹部もいた。

しかし私は、戸田先生の一言一言を、全部「真剣勝負」で受けとめた。弟子が実現しなければ、師の宣言を虚妄《こもう》にしてしまう。インチキな世界になってしまうからである。

なにげない師の一言でも、自分のものとして深く受けとめ、わが胸中に、ダイヤのごとく光らせ、磨《みが》いていくかどうか。根本的な一念の持ち方で、すべて変わってしまう。一念三千である。

これが峻厳《しゅんげん》な「師弟」の道なのである。

（二〇〇〇年六月二十九日）

＊

勝って、師匠に勝利の報告ができる。人生、これに勝る喜びはない。また、これほど神々《こうごう》しい生命の劇もない。

（二〇〇一年六月二十八日）

＊

師弟の心が相違していれば、何事も成就できない。反対に、師弟の心が一致すれば、何事も、成し得ないことはない。勝てないわけがない。

師弟の道に徹しゆくとき、わが生命に秘められた智慧《ちえ》と力を、限りなく発揮させていくことができる。この世で、「師弟不二の戦《いくさ》」ほど強いものはない。楽しいものはないのである。

（二〇〇一年六月二十八日）

＊

私は、戸田先生から、十年間、徹底して、広宣流布の原理を教わった。師匠は原理、弟子は応用だ。今度は、将来、君たちが私の成したことを土台にして、何十倍も、何百倍も展開し、広宣流布の大道を開いていってほしい。私は、そのための踏み台です。目的は、人類の幸福であり、世界の平和にある。

（『小説 新・人間革命』第六巻「若鷲」の章）

＊

学会に貫《つらぬ》かれた人生の師弟の精神をないがしろにしては、結局、広布と信心の精神がわからなくなり、自らの保身、名聞名利に流された活動になってしまう。そこからは学会員を手段として、自ら栄誉栄達《えいよえいたつ》、名聞名利をはかっていこうとの信心の濁流《だくりゅう》が出てくるからである。この点だけは、厳しく戒《いまし》めていかねばならない。

（一九八六年六月十三日）

＊

生きている限り、必ず何かを為《な》す。成し遂げる。圧迫があるほど、かえって闘志を燃やし、道を広げていく。それが、人生の真髄《しんずい》である。信念の勇者の魂《たましい》である。

ましてや、「革命児」といい、「学会精神」を口にするならば、みずからが獅子でなければならない。

「羊千匹より獅子一匹」と。それが牧口先生の遺訓《いくん》でもあった。私もまた、この心で戦ってきた。

口先だけの者は、ご存じのとおり、背信者として、皆、去っていった。彼らは組織の偉大さに安住していた。保身を微塵《みじん》でも考えるようになったら、殉教《じゅんきょう》の牧口先生、戸田先生の弟子とはいえない。学会精神の崇高《すうこう》さ、峻厳《しゅんげん》さを、いささかもおろそかに考えてはならない。

（一九九一年九月三日）

＊

学会が強いのはなぜか。それは、狂った権力者の魔性《ましょう》によって牧口先生が獄死《ごくし》させられ、戸田先生が迫害された。その魔性を「断じて許さない」心があるから強いのである。

この「魂《たましい》」を忘れない限り、学会は断じて敗れない。ますます発展していく。そう私は厳然《げんぜん》と言い残しておきたい。

民衆が臆病《おくびょう》で、我慢強く、何も言わないから、権力は安泰《あんたい》なのである。だから「人権闘争」「精神闘争」「言論闘争」が必要なのである。

（一九九五年十月六日）

## 5 学は光 知は力

勉強は、幸福になるためです。人生の目的も、学問の目的も、幸福になるためです。愚《おろ》かであっては、社会でも、結婚しても、子どもからも、世間からも、軽蔑《けいべつ》される。それでは不幸です。

社会には、人を陥《おとしい》れ、だまそうとする悪人もいる。人々を見くだす傲慢《ごうまん》な人間もいる。それらを打ち破り、すべてに勝利し、幸福に生き抜いていくための勉学です。知識だけでは幸福はない。賢明《けんめい》に生きるためには智慧《ちえ》が必要です。知識は、智慧の水を汲《く》み出すポンプです。智慧が幸福への近道なのです。聡明《そうめい》な自分自身を築いていただきたい。社会にあって、「あの人は、さすがだ」といわれる人格をつくることです。皆と協調し、皆をリードし、皆から尊敬される人生を歩んでいってほしい。

（二〇〇二年十月一日）

＊

本来の学問は、人間にがっしりと根をおろし、生活のなかに枝葉を張ったものでありました。すなわち、それは単なる知識ではなく、そのまま知恵と呼ばれるべきものであった。しかるに、近代から現代にかけて、産業社会の爆発的な伸展と相俟《あいま》って、学問のあらゆる分野において、細分化、専門化が推進され、人間学、知恵の学としての使命を失い、知識のための学問と化しているのが、現代の学問の状況でありましょう。

今日、核兵器の脅威、環境問題、人間精神の退廃といった、文明のゆがみに、学問は、なんらなすすべもなく立ちすくんでおります。

否《いな》、こうした文明の病弊《びょうへい》を生み出したものこそ、ほかならぬ知識のための学問であったのであります。ここで、学問は、再び本来の使命に目覚めなければならないと、私は訴えたいのであります。

かつてルソーは、いみじくも述べております。「人間のすべての知識のなかでもっとも有用でありながらもっとも進んでいないものは、人間に関する知識であるように私には思われる」(『人間不平等起源論』平岡昇訳、岩波文庫)と。

この言葉は、現代にこそ、適用されるべきであります。この人間に関する徹底的な解明を行《おこな》ったものこそ仏法であり、この仏法の英知に触発《しょくはつ》されて、学問が本来の知恵の学問に戻ることこそ、現代学問の迷路《めいろ》を救う唯一の道であると訴えたい。そしてそれこそが、二十一世紀の生命の世紀を主導しうる学問ではないかと思うのであります。

（一九七三年十月九日）

＊

知識は善悪に通ずる。知識はまた、幸福の要素にもなれば、不幸の要素にもなる。したがって、知識それじたいが即幸福とはならない。つねに両面の要素を含んでいるものだ。

この知識を生活に生かし、人生の価値としていけるために、われわれは御本尊に祈り題目を唱えていくのである。この強盛《ごうじょう》なる祈りによって、自分自身のなかにある幸福の源泉となる知恵が発現され、このかぎりない知恵によって学んだ知識を、ぜんぶ自分のため、社会のために還元していけるのである。ゆえに信心は、幸福の根本法則となることを忘れてはならない。

（一九七八年八月三十一日）

＊

「知は力」である。正しい「知識」を豊かにもってこそ、人間は人間として確立されていく。「知恵」が開かれ、「人格」が育《はぐく》まれていく。そのために「教育」がある。

一方、権力化した宗教は、概《がい》して、自分たちにのみ通用する知識を、一方的に押し付ける。理性と道理に反する主張をし、納得しない人がいれば、権威で抑えつけ、閉ざされた狭い世界の中に、人間を押し込めようとする。

――断じてだまされてはならない。そうした〝自分を弱め、自分を狭《せば》めていく知識〟の世界に、惑《まど》わされてはならない。

「英知」を磨き、人間としての「力」をつけ、「人格」を築きながら、人生の幸福を満喫《まんきつ》していける。人間の完成という、「教育」の目的をも大きく包みつつ、みずからの可能性を、最大に開いていける――それが真実の宗教である。

（一九九一年九月三日）

＊

人にたかり、おとしいれようとする心ない讒言《ざんげん》に、絶対に惑《まど》わされてはならない。それらを見抜く「知性」をもっていただきたい。そのためにも「学問」を重ねることである。

（一九九二年五月四日）

語学を学ぶことは、その国の文化や歴史、多様な価値観や、人々の心を理解することであり、平和の道に直結しているからである。語学ができなければ、もはや、通用しない世の中になっている。指導者になる人間ならば、なおさらである。語学という世界市民の〝平和の武器〟を手にしていただきたい。

（二〇〇三年四月一日）

＊

## 6 青年の生き方

私の恩師の戸田先生は、よく、「一つのことに体をぶつけてやりなさい」と指導しておりました。これが物事を成し遂げ、成功させゆく要諦《ようてい》です。

勉強もそうです。「よし、今度の試験をがんばろう！」「よし、この論文を書き上げよう！」――そう決意して足元の一つのことに、体当たりでぶつかっていくことです。

また、戸田先生は「小さな仕事を完成できぬ人は、一生涯、大きな仕事はできない」とも指導しておられた。「小さな仕事」が大事です。皆さんで言えば、きょうの一時間、二時間の勉強です。それを決しておろそかにしない。そこから大きな仕事の基礎がつくられていくのです。

（二〇〇二年九月三十日）

＊

何の挑戦もない、目標もない、ただ「やらされている」だけの人には、自分自身の歴史は築けない。人生は、毎日が「新しい一日」であり、「かけがえのない一日」である。真剣勝負の人には、満足と充実と喜びが光る。みずみずしい日々のなかにこそ、偉大なる勝利が開かれていく。

（二〇〇一年三月二十八日）

＊

大聖人は、青年門下に叫ばれた。

「願わくは、わが弟子たちよ、大願を起こせ」（御書一五六一㌻、通解）

大願とは何か。

人間として、青年として、最も大きな願い――それは「世界平和」ではないだろうか。

国境を超え、全ての民衆が幸福になることである。

一人きりになって、自分を偽《いつわ》り、ただ安逸《あんいつ》をむさぼるだけの人生でいいのか。悔《く》いはないか。

ならば君よ、大願を起こせ！

大いなる希望をもて！

理想をもて！

皆さんは、それをもっていますか？

大聖人は、「大願とは法華弘通なり」（御書七三六ジペー）と仰せである。

平和のため、幸福のために、世界の連帯を築くためには、人間主義しか道はない。広宣流布しか道はないのである。

わが青年部の闘士の皆さん！

私は、この五十五年間、戦いに戦った。前進また前進した。広布を阻《はば》もうとする敵から、あらゆる攻撃を受けた。

しかし、ここまで五十五年間、追撃《ついげき》の手をゆるめずにきた。

今度は諸君の番である。邪悪《じゃあく》への追撃を絶対にゆるめることなく、破邪顕正《はじゃけんせい》の大言論戦に勇敢に総決起する――きょうを、その出発の日にしていただきたい。「臆病者《おくびょうもの》は去れ」と戸田先生は言われた。勇敢なる人間で、この民衆の城である学会を守っていただきたい。正義を守り抜いていただきたい。

そして、新しい広宣流布の開拓へ、師子奮迅《ふんじん》の力で、総攻撃を開始しようではないか！

（二〇〇二年九月五日）

＊

まことの時とは、自らの意志と努力で勝ち取るものであるにちがいない。まことの時とは、自らが決めて戦うことに帰着する。だれびとが決めるものでもない。座して瞑想《めいそう》にふけるよりも、祈って、動いて、書いて、話して、生涯、人々の心の扉を開き、心に崩《くず》れぬ平和と幸せの砦《とりで》を、構築しゆくのである。この現実のなかにのみ、正義があろう。

（一九七三年六月三十日）

＊

英知の青年たちは、ヨコには世界と社会の現状を見わたしつつ、タテにはつねに広宣流布と自己の未来、すなわち人間革命とを予見しつつ、現在の課題に真っ向から取り組んでいくべきである、と私は訴えたい。

多くの青年の世界にあって、諸君は、晴れの日に恵まれたならば嵐を予見し、もし、嵐のなかにあるならば、未来の晴天を見すえて、現在の瞬時の喜怒哀楽《きどあいらく》に一心を束縛《そくばく》されることなく、自由の境涯を築いていくよう希望する。

（一九七三年七月二十九日）

＊

青年時代、それはひとくちに〝青春〟ともいわれているように、人生一生のうちでもっともほほえましく、輝《かがや》かしい時代、希望に燃え立つ時代であるといえる。時間的にも、構造的にも、もっとも可能性に富んでいる時代である。それだけに、真摯《しんし》な青年ほど、いろいろなことに思い悩む時代であるといっても過言ではない。

もちろん、大人にも悩みはあるが、大人のそれと青年のそれとは大きな違いがある。大人の悩みは、主に過去にしばりつけられているところから発生して、当面する現実の、目先のことで悩んでいる場合が多い。

青年の悩みは目先のことよりも、未来に関係した悩みのように思われる。人生を考え、社会を考え、自分や同胞の未来像を考え、理想と現実の落差に思い悩み、広く、多角的に、未来とのかかわりあいにおいて悩みをもつものである。

この悩みに対して、とるべき態度は二つにわかれる。すなわち、その悩みを避《さ》けるか、その悩みに取り組むか、この二つしかない。最近の世間の傾向は、避ける態度のほうが、より多く流行しているようである。そのほうが、一面、賢明《けんめい》であるようにとらえられがちでもある。

だが、避けてばかりいては、どこからも人生勝利の要因は出てこない。社会改革の可能性も出てこない。そのような人生の最後は、ずる賢《がしこ》い人間に終わるだろう。

われわれ信仰に生きる人間は、断じて、悩みとの取り組みのなかから創造し、建設していくという大道を、一貫して進むべきである、と私は思う。たくましく現実のなかを生きぬいていく――それが諸君の未来であっていただきたい。

（一九七三年七月二十九日）

＊

革命というのは、内外にうずまく圧迫や苦難や罵倒《ばとう》がどれほどあろうとも、それを受けて、立ちあがらなければならない。

またその戦いのなかでこそ、ほんとうの人間革命が成就され、自分のもつ最大の力が発揮されるものなのである。私は、そうした苦難の嵐のなかでも〝十年一剣を磨《みが》く〟決意で、恩師の遺言のままに、学会と運命をともにしてきた。

どうか英知の諸君！　いかなる苦難の嵐のなかにわが身をおこうとも、今にみろ！　の決意で、二十年先、三十年先、四十年先の栄光をめざす気《き》概《がい》だけは、忘れずに前進してもらいたい。

そして創価学会の同志のためにも、悩み、苦しむ民衆の最大の味方として、すべての甘えを排《はい》して、私とともに、どこまでも前進していっていただきたい。

（一九七四年七月二十六日）

＊

人は往々にして、幸福を観念《かんねん》の彼方に描《えが》きがちである。たとえば、別の地域に行けば、もっと幸せになれるかもしれない。他の会社に移れば、より豊かな楽しい生活があるかもしれない等々、つねに他に夢を抱き、期待を寄せようとする。若い方々は、なおさらであろう。

しかし、人それぞれに使命も、生きるべき場所も異なる。自分はここで、この世界に深く根を張ろうと決め、現実と格闘《かくとう》しつつ、日々忍耐強く希望の歩みを運んでいった人が勝利者なのである。

心定まらず、浮草のようなさすらいの人生であっては断じてならない。

ゆえに私は、〝足下《そつか》を掘れ　そこに泉あり〟〝自己自身に生きよ〟と申し上げておきたい。

（一九八六年十二月七日）

＊

〝自分がいなければ、自分がやらなければ広布の伸展《しんてん》はない〟〝学会の将来を支えるのは自分なんだ〟との依怙依託《えこえたく》の自覚に立った、美しき強靭《きょうじん》な精神、人格を、諸君はガッチリと築いていってほしい。

（一九八七年一月十日）

＊

波瀾万丈《はらんばんじょう》こそ男の生きがいである。何の刺激《しげき》も波瀾もなく、平凡に生きたとしても、そこには深き人生の醍醐味《だいごみ》はない。思えば私の人生もまさに波瀾万丈であった。わが人生にまったく悔《く》いはない。

（一九八九年八月二日）

＊

〝きょうの生活〟〝きょうの仕事〟といった「現実」にしっかりと足を踏まえつつ、心はつねに雄大な「理想」、はるかかなたの「未来」を見つめていく――。これこそ、若き諸君にとってもっとも大切な人生の姿勢である。

（一九九〇年一月十五日）

＊

一日の生活は、朝が勝負である。遅刻をすれば負けである。まず人生、〝朝に勝つ〟ことが勝利の基《もとい》である。

（一九九〇年一月十五日）

＊

御書に「御みやづかい《仕官》を法華経とをぼしめせ」（一二九五ジペー）と教えられているように、社会生活の一切がすべて仏法に通じていくのであり、仏法への理解・共感を広げゆく要諦《ようてい》もここにある。

（一九九〇年一月十五日）

＊

「求道の人」の心は明るい。「求道の人」の心は強い。そして「求道の心」の人は尊い。「求道の青年」は伸びる。あらゆる障害をも乗り越える力を培《つちか》いながら、人生に勝ちゆくことができる。

この方程式は、一国においても、会社や家庭においても同じであろう。

いかなる事業の完成をめざす場合にも、またそれぞれの人生においても、一つの目標に向かって青年らしく〝雄々しい心〟で進むことの大切さを銘記《めいき》していきたいものである。

（一九九〇年一月十五日）

＊

青年よ、ちっぽけな世の波騒《なみさい》を見おろしながら、大胆に生きよう。何ものも恐れず、壮快に動こう。堂々と真実を叫ぼう。君が燃えなければ、時代を覆《おお》う生命の闇《やみ》は燃やし尽くせない。

君が走らなければ、正義の炎《ほのお》は、人々のいのちに届かない。君自身が、一個の「炎の走者」と立ち、動き、祈り、語り始めること、そこに三・一六の本義があるのだ。諸君の力走の果てに、民衆の「栄光」と「勝利」の山脈が、都市が姿を現す時——その時こそ、我が「永遠の三・一六」の儀式は、諸君の胸中に鮮やかに蘇《よみがえ》り、新しき不滅《ふめつ》の光を放ち始めるだろう。

その時、私と諸君との真の絆《きずな》が固まる。その日を私は祈りて待つ。信じて待つ。ひとり戦いながら待つ。

（一九九一年三月十五日）

＊

日夜、〝うまずたゆまず〟学問に励《はげ》み、人格の錬磨《れんま》に取り組んでいただきたい。「人格」と「学問」を兼ね備えた人が、真の人材である。国際人である。

「努力」なき人は敗北者である。「努力」の人が勝つ人である。平凡なようであるが、私の人生経験の一結論である。たとえ今、ご両親が苦境にあったり、自分がたいへんな環境にいたとしても、使命ある諸君には、必ず、鳳《おおとり》のごとく大きく飛翔《ひしょう》する時が来る。その未来を、ご両親にも語り、安心させ、希望をあたえてあげながらの、堂々たる努力の青春であってほしい。

（一九九二年五月四日）

何でも自由に手に入れれば、人間は堕落《だらく》してしまう。結局、弱々しく、不幸な、人生の敗北者ができる。環境に恵まれていながら不幸になる場合が多いのは、これである。「苦労がない」ということは「勝利の原因がない」ということである。ゆえに青年は、できあがった環境に安住してはならない。できあがった組織の上にのっかって、いばったり、虚勢《きよせい》をはっても、むなしい。

*

そんな役職や立場だけなら虚像《きよぞう》である。蛍火《ほたるび》である。本当の人間の光ではない。魂《たましい》の光ではない。

青年は、「自分の力」で、「自分の苦労」で、「自分の行動」で、「新しい歴史」をつくっていくべきである。

私は、その思いで歴史をつくってきた。広宣流布の大いなる歴史を、世界中に残してきた。ただ一人、大難を受けながら。

あとは諸君である。諸君も諸君の立場で道を開いていくべきである。腹を決めて苦労しぬいて、偉い人になってもらいたい。

諸君は妙法を持っている。苦労が全部、生きないわけがない。

（一九九五年六月二十八日）

＊

いかなる分野であれ、「世界一を目指そう！」との心意気が大切である。青年の理想は、大きすぎるぐらいがちょうどいい。実際に実現するのは、そのうちの何分の一かにすぎない場合が多いのだから。

私もすべて「世界一」を目指してきた。戸田先生のもとで、それは真剣に勉強した。生命をかけての努力をした。その努力があって、今の私がある。（一九九六年一月二十六日）

## 7 苦悩を越えゆく力

青年時代は、悩みの連続である。進路で悩む。経済苦で悩む。人間関係で悩む。家族の病気で悩む。

人間、悩みがあって当然だ。悩みもなく、戦いもなく、毎日毎日、ただ食事だけして生きているならば、何のための人生か。

ドイツの作家トーマス・マンは書いた。苦悩——「それがなんだ。負担や実績、請求、病苦、辛労《しんろう》なんぞを気にかけぬこと、小さく見ること——それが人間を偉大にする」（『トオマス・マン短篇集』実吉捷郎訳、岩波文庫）。

悩みがあるから成長する。戦える。悩みがあるから、人間は、偉大になれるのである。皆さんは、いかなる悩みも悠然《ゆうぜん》と見おろし、成長のバネにしていける強い自分であっていただきたい。

（二〇〇三年一月十八日）

＊

輝《かがや》くためには、燃えなければならない。燃えるためには、悩みの薪《たきぎ》がなければならない。青春の悩みは即、光なのだ。

（二〇〇〇年二月二十七日）

＊

いかなることがあっても、ただ一点、胸中に変わらざる不退の信念——学会精神、信仰が脈打っていれば、けっしてその挫折《ざせつ》は、挫折のみでは終わらない。

（一九七二年七月三十一日）

＊

広宣流布への勇敢にして堅忍不抜《けんにんふばつ》の精神と、強固な信仰があるならば、一念三千の理法で、最後にはかならず勝利の凱歌《がいか》をあげ、自らが充実した笑みを浮かべることができるということを、私は強く訴えたい。どうか、いまはいかなる境遇《きょうぐう》にあったとしても、諸君は人生最後の勝利と栄光の旗を、かならず振るということを確信して、日々の現実に挑戦していっていただきたい。

（一九七二年七月三十一日）

＊

人生は成功の連続で貫《つらぬ》き通せるものでは絶対にない。失敗もあり、転《ころ》ぶ場合もある。だが、確たる信心さえあれば、立派に変毒為薬《へんどくいやく》できる。失敗で費《つい》やしたエネルギーは、次の成功のエネルギーとしてかならずや生きてくる。「妙とは蘇生《そせい》の義」というのは、信心している万人の体験に照らして真実である。

（一九七三年七月二十九日）

＊

人生の土台をつくる時代は、諸君の年代をおいてほかにない。若さゆえにさまざまな苦悩もあるだろうが、真実の人生の充実感は、唱題しながら進んでいくなかにしかない。真の信仰なき人生は、結局むなしいものだ。将来の大成のためにも、いまに努力し、いまに訓練をうけ、一人ひとりの人間と相対《あいたい》しながら、もっとも充実した青春時代を送ってほしい。

そして、やがて広布の一翼を担《にな》い、次代後継の道を確定づけていくよう心より祈るものである。

（一九七八年六月三十日）

＊

国土、環境が、そこに住む人の気質や生き方を決める一つの要素であることはいうまでもない。しかし、より大切なことは、その環境に負けてしまうか、逆に環境を切り開いていく力をもつかである。そこに幸福というものへの大切な要因がある。

（一九八六年十二月七日）

若き日の逆境に屈《くっ》するか。それとも、それを成長への養分としていくか。ここに、未来の大成への重大な分かれ道がある。何事かを成す人は、必ずや青春の労苦を、成長への糧《かて》として生かしているものだ。

（一九八七年一月十日）

＊

〝苦難が、眠れる力、新しい力を呼びさまし、発揮させるチャンスとなる〟ことは、古今東西の歴史に広く見られる。また、現在のいかなる会社や組織、さらには個人にあっても、あてはまる一つの真理といえよう。むろん、諸君の人生、広布の舞台にあっても例外ではない。いわんや妙法こそ、苦難を成長・飛躍への発条《バネ》としゆく最大の原動力である。諸君は、困難と労苦のときこそ、新たな向上と成長への好機ととらえ、前進していただきたい。

（一九八七年七月二十一日）

＊

困難にあっても御本尊の功力により〝必ずや〟難を越えられる、との信心の確信こそ肝要なのである。この〝必ずや〟との確信が、信心の要《かなめ》となることを、智解《ちげ》し、実践していかなければならない。

（一九八七年七月二十一日）

＊

よく語りあった松下幸之助さんの言葉が、今でも耳朶《じだ》から離れない。「池田先生、やっぱり、若いときの苦労は、買ってでもせな、あきまへんなぁ」と。

今の時代は、皆、苦労から逃げようとしている。苦労することを、時代遅れのように思っている。また苦労するのが損のように勘違いしている。そうではない。苦労は全部、自分のためである。甘えようと思えば、いくらでも甘えられる〝鍛錬《たんれん》なき時代〟である。鍛錬なきゆえに、自己が崩壊《ほうかい》し、日本という国自体が、崩壊の様相を呈してきた。

こういう時代だからこそ、自分から求めて「苦労しよう」と自覚した人が得をする。何ものにも「負けない」自分へと、鍛錬しぬいた人が勝つ。その貴重なる「自己教育」の世界はどこにあるか――。ここにある。創価学会にある。ここにこそ、人生を最高に勝利させる「道」がある。

（一九九五年六月二十八日）

## 8 強き一念の人に

必死の祈りは、自分自身を変革し、一家も、社会の宿命も、大きく転換していける。強《ごう》盛《じょう》に祈ることだ。祈れば、智慧《ちえ》がわく。生命力が満ちてくる。

社会で出世しても、激しい変化で、転落する人もいる。最後に勝つのが、真の勝利者である。

木の成長は、毎日見ていてもわからない。しかし、五年、十年たてば、その成長は歴然である。それと同じように、目には見えないが、広宣流布のために勇んで行動すれば、必ず最高の生命となり、永遠の幸福を勝ち取っていける。これが冥益《みょうやく》である。一生のうちに、揺《ゆ》るぎない幸福の人生を築くことができるのである。

（二〇〇二年九月二日）

＊

法華経の行者は、大難との大闘争があるほど、ますます生命力が増し、福運が増し、勢いが増す。一切を人間革命へのエネルギーにして、変毒為薬《へんどくいやく》しながら、自分を大きくしていける。大境涯を開いていける。

だからこそ大聖人は、〝いかなる苦難があろうと、いよいよ喜び勇んで戦い抜きなさい〟〝難が来たら安楽と思え〟と仰せなのである。

「広宣流布へ戦う心」があれば、仏になれる。いくら信心をしていても、「戦う心」がなければ、仏になれない。臆病《おくびょう》は畜生の生命である。

学会は、「戦う心」で走ってきた。だから、世界に発展した。「戦う心」——これが、わが創価学会の真髄《しんずい》であり、仏法の魂《たましい》であると宣言したい。

（二〇〇一年六月二十七日）

＊

尊き信心を狂わせていくのは、常に「慢心《まんしん》」と「虚栄心《きょえいしん》」、そして「嫉妬《しっと》」という醜い心である。さらに、その裏側には、必ず「臆病《おくびょう》」という弱さが隠れている。

（二〇〇〇年四月十一日）

＊

青年が人生という遠征に向かうにあたって、もっとも大切なものは、財産でも地位でもない。わが胸中に炎《ほのお》のごとく燃えたぎる〝希望〟の一念なのであります。

打算なき、大いなる希望に生きる人には、困難を困難とせぬ勇気がわき、パッションが生まれ、現実を見ぬく英知が光を放ち始めるからであります。時とともに輝《かがや》きを増す、生涯不滅《ふめつ》の希望をもてる人こそ、最高の信念の人であり、また人生の勝利者となるでありましょう。そのためにも、まず「自己への挑戦を開始せよ」「自己との闘争を開始せよ」と申し上げたい。

（一九八六年一月八日）

＊

御書には「師子王の剛弱を嫌《きら》わずして大力を出すがごとし」（九九二㌻）と仰せである。獅子は、相手が強い、弱いにかかわらず、全力を出していく、というのである。

ここには、何事かを成し遂げんとする指導者の根幹ともいうべき姿勢が明快に示されていると思う。

たとえいかなる「小事」でも全魂をこめていく――そうした強い一念がなくては、優れた一流の人格を築いていくことはできない。また、完璧にして永遠に崩《くず》れない仕事をめざすこともできない。

よく〝信心してさえいれば、商売が繁盛《はんじょう》する。成功するものだ〟という人がいる。それは、短絡的《たんらくてき》な考えであり、安易な信心利用のいき方である。

信心は人生と生活との源泉力である。ゆえに人一倍の研究と努力を重ね、人生と社会での仕事に精通《せいつう》してこそ、その信心が結実されることを、決して忘れてはならない。

（一九八六年十二月七日）

＊

〝あの人が、こうしてくれれば〟とか〝こういう条件・環境さえあれば〟とか、何か他のものに責任を転嫁《てんか》し、自分の不平不満の原因を求める。それは、〝幸福は自分自身の責任である〟ことから逃避した、卑《いや》しい貧困な生き方である。

逆に、〝すべて自分で決まる〟と一念を定め、真正面から課題に取り組んでいく。そこにこそ人間としての真実の強靭《きょうじん》さがわきいずる。

信仰という根本的な力も、この姿勢があって発揮できる。諸君は、この正義の生き方を絶対に忘れてはならない。

（一九八七年一月十日）

何かを残せ、何かをつくれ、何かを成し遂げずして何のための一生か、何のための青春か——この意気で若きナポレオンは戦ったのである。諸君も、〝妙法のナポレオン〟〝妙法の英雄〟の気概《きがい》で、堂々と、さっそうと進んでいただきたい。

（一九九二年九月十二日）

＊

# 9 勝利の人生を

仏法は勝負であり、人生も勝負であります。勝てば、朗《ほが》らかであり、誉《ほま》れ高い。負ければ、皆が悲しいし、みじめである。

ゆえに、断じて勝っていただきたい。今の真剣な戦いが、永遠の福徳となって、わが身を飾るのです。そして子孫末代にまで伝わっていくのです。それが妙法の絶対の法則であります。

（二〇〇一年六月一日）

＊

「英知を磨《みが》くは何のため」「信心するのは何のため」——勝つためである。人生に勝つ。社会で勝つ。人間として勝つ。断じて勝って、幸福をつかみ、平和を築くためである。この根本の目的観、使命感を持つ人は強い。目的を忘れた人生は弱い。

（二〇〇一年五月二十一日）

＊

学会の組織の中で、同志とともに、切磋《せっさ》琢磨《たくま》しながら、成長の軌道、幸福の軌道を進んでいくことである。一人でいるのは、自由でいいようだが、結局、独善《どくぜん》になり、生命の法則の軌道から、はずれてしまう。

（二〇〇一年一月七日）

＊

勝つことが正義である。負けるような正義は、正義ではない。広布のために戦えば、元気になる。自由自在の境涯になる。「戦った人」の十年後の大境涯と、「ずる賢《がしこ》く、要領のよい、臆病《おくびょう》な人間」との相違は、天地雲泥《てんちうんでい》となるに違いない。

師子王のごとく戦った人は、仏のごとき大境涯と大福運となるのである。要領よくやった人間は、畜生の根性のごとく、わびしい、哀《あわ》れな境遇《きょうぐう》となっていく。このことは、因果の理法に照らして明快である。

自分自身のために、自分自身の眷属《けんぞく》のために、最高にありがたき時と思って、生き抜き、戦い抜き、微塵《みじん》も後悔のない、大仏法にかなった人生を磨《みが》いていっていただきたい。

（二〇〇〇年二月七日）

＊

長期的展望に立つ明晰《めいせき》な諸君に、一時の嵐がなんであろう。井中《せいちゅう》より星を視《み》るような、狭量《きょうりょう》な生き方は、青春乱舞には、微塵《みじん》もあってはならない。

「君もひとたび決めた信仰の旗を生涯、振り続けたな！」――と、最後の最後の人間勝利の日を、ともどもに語り尽くそう。

座して敗れる人となるより、撃《う》って出て、誉《ほま》れ高き人間行動のドラマを、見事に繰り広げよう。

（一九七三年六月三十日）

人間革命をめざす信・行・学という哲学の実践は、いかに時代が激しく移り変わろうとも、いかに競争社会が変動しようと、その原理・法理は不変である。ゆえに、持続しゆく永遠性の次元に信・行・学の真髄《しんずい》がある。

＊

スランプがあっても、どんなことがあっても、毎日少しずつでも不変の法則である大聖人の教えを実践していくことが大切である。何歳になろうとも、どのような立場になろうとも、この実践だけは忘れてはならない。ウサギとカメの話にたとえていうと、ゆっくりと前に進みつつ、最後に勝利したカメの生き方を学びたい。カメのような信心を貫《つらぬ》いていただきたい。

＊

こうしたたゆみなく、じっくりと取り組む信仰を貫くことにより、生命のなかに永遠の福運を積み、絶対的な所願満足、つまり勝利の人生を送ることができるのである。

（一九七四年七月二十七日）

もっとも大事なことは、どれだけ深い信仰をもち、どれだけ自分の境涯を高めていくかに尽きるといってよいだろう。その人の人生の勝利もこの一点によって決定づけられていくものだ。そして、この重要な人生の土台づくりは、諸君の世代においてほかにはないことを強く銘記されたい。

人生のもっとも重要な基礎を築く時が今だからこそ、信心だけは、いちだんと強盛《ごうじょう》でなければならない。

「月月・日日につよ《強》り給へ」（御書一一九〇㌻）との御聖訓もあるように、社会に旅立っていくこれからが、いよいよ本格的な信念の出発であると自覚しながら進んでいくことを、諸君の基本姿勢としていただきたい。

この点を深くわきまえながら、生涯にわたる自分自身の人間革命、一生成仏への坂を一歩一歩見極めつつ、確実に前進していくよう、心より祈っている。

（一九七八年八月三十一日）

*

要は人生の最終章において「自分としてのなすべきことはなした。一点の悔《く》いもない」

「わが人生は勝った。最高の満足である」といえるような、安心立命の無辺の境涯に遊楽していけるかどうかである。一生の最後の総仕上げに、人間としての凱歌《がいか》と栄光につつまれ、自分らしい人生を荘厳《そうごん》に飾っていく——そのなかに一生成仏の証《あかし》がある。また、そのために現在の修行があり、自己を磨《みが》いていく精進があるわけである。

諸君は、これから社会で思うぞんぶん力を発揮し、輝《かがや》いていかねばならない。深い眼《まなこ》からみれば、世間の一切法は、即《すなわ》ちこれ仏法であり、仏法の実践を根幹に、日々月々、あらゆる機会を通して、自己を練り、鍛《きた》え、生活と社会のうえでの勝利を完成させていっていただきたい。

（一九八六年十二月七日）

＊

深き信心の人、人格者、真心から後輩の面倒をみていける人、それぞれの立場で強い責任感をもち、力を磨《みが》いていく人——こうした人は、学会の世界にあっても、また社会にあっても周囲から慕《した》われ、信頼される。

また、たとえ一時の不遇《ふぐう》があっても、長い目でみたときには、おのずと力を最高に発揮していけるものである。

（一九八七年七月二十一日）

## 10 両立への挑戦

現実社会の中で、仕事と勉学の両立というのは、人知れぬ大変な苦労があるものであります。様々な事情で、勉学がなかなかはかどらない場合もあるかもしれない。しかし、その労苦はすべて自身の財産となって、永遠に輝《かがや》きゆくものであります。

私はそこに、学問と人生の一つの尊き価値があると思ってきました。その意味で諸君は、まず学ぶということに、真剣に挑戦していただきたいのであります。

ゲーテの言葉に、「英雄をよろこんで称《たた》え　英雄と呼ぶのは　みずからも勇敢に戦った者にちがいない　みずから火と水の苦しみを味わったことのない者は　人間の本当の価値を認めることができない」（世界名詩集5『ゲーテ　西東詩集』高安国世訳、平凡社）とあります。

どうか、飛翔会《ひしょうかい》の諸君こそ、敢然《かんぜん》と鍛《きた》えの青春を送っていただきたい。そこに後継の王道があるからであります。私もその王道を走り抜いてまいりました。決して、焦《あせ》る必要はありません。いかなる苦境にあったとしても、五年先、十年先を見据《みす》えながら、当面の課題に堂々と挑戦していってください。そして、一つひとつを着実に勝ち取りながら、人間としての底力を養っていただきたいのであります。

「未来」は「現在」にあり、「大事」は「小事」のなかにこそあります。私は、飛翔会の諸君が、広宣の天座を舞いに舞いゆく姿を、信じ待っております。

（一九八五年八月二十五日）

＊

組織のこと、仕事のこと、人間関係のこと——当然、悩みや、行き詰まりはあるであろう。その時こそ、「貫《つらぬ》け！」。前進を貫いて、自分で自分を勝利させる以外に道はない。生きることが、何となくもの憂《う》く感じられることもあるかもしれない。何かに「縛られている」ように感じる時。すべてが受け身になっている時。何となく迷いが感じられる時。その時こそ、受け身の一念を逆転させて、「さあ、この道を貫こう！」「きょうの使命を貫こう！」。こう決めていく時に、その一念のなかに、真実の「春」が到来する。花が咲いていく。「貫く」。それは私どもでいえば、題目をあげていこう、一人また一人に語っていこうという実践である。

（一九九五年六月二十八日）

＊

信仰と生活、信心と仕事は、別のものではない。一体である。信心は信心、仕事は仕事と分けて考えるのは、「理」の信仰である。そうではなく、両者を一体と自覚して、仕事も一〇〇％、信心も一〇〇％、全力で徹していく。そうハラを決めたとき、人生は「勝利の軌道」に入っていく。

信心とは、厳然《げんぜん》たる事実をもって、現実の社会に、自身の生活に、勝利の実証を示しきっていくことである。広宣流布の闘争は観念論ではない。抽象論ではない。現実にどれだけ行動したか。どれだけ祈ったか。語ったか。手を打ったのか。現証はどうか。その積み重ねが一切を決する。「青年」の異名は「行動」である。

今こそ広布の全責任を担って立て！　先頭をゆけ！　そして、すべてに勝て！　こう私は青年部に申し上げたい。

（一九九五年十月六日）

## 11 信仰の真髄《しんずい》

学問は知識の蓄積であり、知恵にはいる道程である。仏法は知恵であり、生活の原理である。いっさいの知識は、仏法の知恵によって、初めて社会のために最高に生かされることを知らねばならない。

（『小説 新・人間革命』第六巻「若鷲」の章）

＊

爾前経《にぜんきょう》のなかの小乗教では、煩悩《ぼんのう》こそが、この世の不幸の原因であるとし、煩悩を断じ尽くすことを教えてきました。

しかし、煩悩を、欲望を離れて人間はありません。その欲望をバネにして、崩《くず》れざる幸福を確立していく道を説いているのが、大聖人の仏法です。

みんなが大学で立派な成績をとりたいと思うのも、よい生活をしたいというのも煩悩であり、欲望です。また、この日本の国を救いたい、世界を平和にしたいと熱願する。これも煩悩です。大煩悩です。

煩悩は、信心が根底にあれば、いくらでも、燃やしていいんです。むしろ大煩悩ほど大菩提となる。それが本当の仏法です。

（『小説 新・人間革命』第六巻「若鷲」の章）

＊

（帰命とは）人法一箇の御本尊を、南無妙法蓮華経を弘めゆくことを、わが人生の目的と定めて、生涯、広宣流布に生き抜いていくことです。そこに、絶対的幸福の道が開かれるのです。

皆さんのなかには、「不惜身命《ふしゃくしんみょう》」とか、仏法のために命を捧《ささ》げるなどというと、何か悲壮感に満ちた、特攻隊のような印象をもつ人もいるかもしれない。しかし、その境地というのは、何ものをも恐れることのない、堂々たる安心立命の境地です。あたかも、澄み渡り、光り輝く大空のように、希望にあふれ、大歓喜がみなぎり、最高に充実した、最も自分らしい自由な境涯といえます。

妙法への帰命は、小さな自分の欲望に翻弄《ほんろう》されている〝小我〟を打ち破り、宇宙即我という、宇宙大の自分である〝大我〟に立ち返ることである。その時に、自分自身が人間として最も輝《かがや》くことができる。それが人間革命です。

(『小説 新・人間革命』第六巻「若鷲」の章)

＊

そもそも仏法は、人間の内面を変えることによって、世界を変えていくという哲理である。日蓮大聖人は、こう述べられている。「衆生の心けがるれば土もけがれ心清ければ土も清しとて浄土《じょうど》と云ひ穢土《えど》と云うも土に二の隔《へだて》なし」(御書三八四ジペー)。

土とは、自身が住む社会・自然環境である。それが清らかか、汚《けが》れるかの根本原因は、人間の心が清浄か、汚れているかによるのであり、環境そのものには、もともと「浄土」や「穢土」などという隔《へだ》てはないとの仰せである。つまり、社会変革の要諦《ようてい》は、人間自身の一念の革命にあるとの御指南といってよい。

(『小説 新・人間革命』第十四巻「智勇」の章)

＊

信教の自由は、永久に守らなければならない人間の基本的権利の〝核〟であり、根本である。じつに、この信教の自由こそ、思想、良心の自由、言論、集会、結社、居住、職業の選択、学問の自由などの淵源《えんげん》をなすものである。

（一九七二年七月三十一日）

＊

信仰は、懐疑《かいぎ》の試練《しれん》を経ることによって、より深く、より強くなっていくものであります。デカルトは、いっさいを疑うことから出発し、疑って疑って疑いぬいて、最後になおかつ疑えないものが、疑っている自己自身であることに気づいた。理性に信をおいた近代合理主義が、ここから始まったわけであります。

私どもにおける信仰も、懐疑を排斥《はいせき》しているのではありません。懐疑のための懐疑に終わってはならないということであります。デカルトが真理を求めるために疑ったように、私どもの懐疑も、確固たる信仰を築くための懐疑であり、これを踏みはずしては成仏はありえないということを知ってほしい。

有名なドイツの作家ヘルマン・ヘッセは「信仰と懐疑とは互いに相応《あいおう》ずる。それは互いに補い合う。懐疑のないところに真の信仰はない」といっているが、懐疑に敗れるか、懐疑を起点として、より強固な信仰と偉大な人生を確立していくか、そこに重大な人生の勝敗の分かれ目があるのです。

（一九七二年七月三十一日）

部屋や庭も掃除しないと汚《よご》れてしまうように、「生命」も手入れをし、磨《みが》かないとぼろぼろになってしまう。

*

仏道修行の本義は生命の錬磨《れんま》にある。英知を磨くというのも、また福運を輝《かがや》かせていくのも、さらには人間革命という実践の本義においても、自己自身の生命の浄化をぬきにしては、砂上《さじょう》の楼閣《ろうかく》にすぎない。

その生命の根本変革は、宇宙の縮図としての御本尊との冥合《みょうごう》にあることはいうまでもない。つまり唱題に励むことである。そこには喜びがあり、確信が出てくる。そして磨かれた生命の明鏡には、いろいろな社会の動向や、人の悩みや苦しみが全部うつってくるわけである。これを「観世音《かんぜおん》」という。〝観世〟とは世間を観ずるということであり、さまざまな世音を感じ、民衆をどう救っていくかという仏法上の一つの働きである。

このように、歓喜にあふれ、確信に燃え、さらには社会の動向をも映し出していく不可思議な生命そのものを、よく知っていくことである。

（一九七四年七月二十七日）

＊

御書に「浅きを去つて深きに就《つ》くは丈夫《じょうぶ》の心なり」（三一〇ジペー）とあるとおり、仏法に説かれた甚深《じんじん》の人生観、社会観、宇宙観を学びながら、深き信心の生き方に徹しきっていくところに、見事な栄冠の人生が築かれてゆくのである。

（一九八六年三月十五日）

＊

幸福という実感も、人生の深き満足感も、自分自身の「生命」の中にある。その根本的〝法〟が妙法であり、それを自身の大原動力としていけるのが信心である。

ゆえに今、信心修行している所が「寂光土《じゃっこうど》」であり、社会が即「寂光土」となる。また今生きている所それ自体を、勝利と幸福の国土としていけるのである。

（一九八六年十二月七日）

＊

私どもにとって「信念」を何によって固めるか、それは「信心」である。人間を磨《みが》くことも、生命力を増していくことも、また幸福を確立していくことも、平和を築いていくとも、すべて信心によって可能になる。

ゆえに、信心によって、わが内なる世界を「武装」してこそ、どんな挫《ざ》折《せつ》にもめげない希望の人生を開きゆくことができると私は確信したい。

その意味で、妙法と信心こそ、人生を飾る最大の、正義と幸福の武装である。


（一九八六年十二月七日）

＊

どのような世界であれ、一つの道を究《きわ》めるためには、その道の達人について教えをこい、修行をしていかねばならない。たとえば剣道の次元でいえば、いくら経済理論を知っていても、それが剣道の奥義にそのままつながることはない。剣道の奥義に通じるには、それなりの原理原則があろう。

ゆえに、一事が万事で、たとえ博学《はくがく》であり、高学歴をもち、社会的地位があっても、信心のことは、信心の深き実践者に学んでいくことが大事となる。

我見で信心を推《お》し量《はか》ることは、もっとも危険だからである。諸君は信心のあるべき姿だけは失わないでいただきたい。

退転者に共通することは、我見の人であることだ。また自己中心主義であり、増上慢《ぞうじょうまん》である。御書に「未だ得ざるを為《こ》れ得たりと謂《い》い我慢の心充満せん」（二二六ジペー）と仰せの通りである。どうか、深く大いなる自分を築くために、信心だけは、増上慢の心に染まることなく、謙虚《けんきょ》に、純粋に貫《つらぬ》いていっていただきたい。

（一九八六年十二月七日）

＊

現実の出来事に対して、何ら具体的な対応をしない受動的ないき方は、真実の信仰のあり方ではない。仏法は道理である。私たちの信心にあっても〝信心をしているから〟、また〝御本尊の加護《かご》があるから〟と安易に考えて、目前の問題がたやすく解決すると期待したり、事故防止への配慮を怠《おこた》っては絶対にならない。むしろ、信心しているからこそ、細心の配慮と対策を講ずる。

また悩みに直面しても、なんとか苦難を乗り越えよう、希望の道を切り開こう、と積極的な工夫と取り組みを行っていくような前向きの姿勢こそ、真実の信仰者の姿なのである。苦難をまえに手をこまぬき、ただ〝利益《りやく》〟を待っているような受動的な態度は、決して仏法のいき方ではない。

（一九八七年六月二十八日）

＊

いざという時に、人間の真価は分かる。広布の前進においても、大難の時にこそ敢然《かんぜん》と戦い、たとえ一人であろうとも、正義を叫びきっていく人が偉大である。その人こそ〝信仰の勇者〟であり、〝広布の英雄〟である。私も、幾多の嵐のなか、一貫してその決心できたつもりである。

（一九八七年六月二十八日）

＊

〝私は妙法の信仰者だ〟〝広宣流布の先駆者だ〟〝どんな権力者もおよばない、はるかに崇高《すうこう》な仕事を遂行しているのがわれわれである〟と、いつも強い決意と大いなる誇《ほこ》りをもって生きぬいていただきたい。

あらゆる権威や名声に対して、〝何ものぞ〟という気概《きがい》を失ったならば、もはやそれは青年ではない。信仰者とは言えない。

（一九八九年八月二日）

真の仏法者も日々、新たな自分に向上していく。成長し続ける人、前進し続ける人、それが信仰者である。

（一九九二年九月十二日）

＊

われわれの誇《ほこ》りは何か。それは、日蓮大聖人の仏法を弘めていることである。私どもは日蓮大聖人の教えを守っている。日蓮大聖人の御一念を拝し、その仰せのままに一切の行動をしている。他のだれのためでもないのである。全部、日蓮大聖人にささげ、日蓮大聖人につつまれ、日蓮大聖人に通じている行動である。ここに、創価学会のすごさがある。この王者の自覚をお願いしたい。

（一九九五年六月二十八日）

＊

まず、自分が強くなればよい。いな、自分が強くならなければ、この乱世で勝つことはできない。人がどうであろうと、だれが何と言おうと、自分が力をつけ、力を発揮していくことである。
また最高の強さを引き出すのが、正しき信仰である。諸君には、深き深き「使命」がある。その事実を自覚していただきたい。自負していただきたい。進むべき「我が大道」を自分で見つけ、自分で築き、堂々と歩んでほしい。

（一九九六年一月二十六日）

## 12 実践の教学

仏法は、人類を救う「希望の太陽」であり、万人が、人生の荒波を乗り越え、勝ち越えるための「精神の灯台」である。御書には、その慈悲と智慧《ちえ》の大光が輝《かがや》いている。生きる勇気の無限の泉があり、魔軍との激戦にあっては、邪悪《じゃあく》を切り裂く破《は》邪顕正《じゃけんせい》の剣がある。

（二〇〇〇年一月六日）

＊

御書を拝読する場合は、まず〝真実、真実、全くその通りでございます〟との深い思いで、すなわち、信心で拝し、信心で求め、信心で受けとめていこうとすることが大事です。西洋哲学は〝懐疑《かいぎ》〟から出発するといえるかもしれない。

しかし、仏法を学ぶには、〝信〟をもって入らなければならない。あの智慧《ちえ》第一といわれた舎利弗《しゃりほつ》でさえ、知識や知能で仏法を解了《げりょう》したのではなく、信心によって解脱《げだつ》したのです。

（『小説 新・人間革命』第六巻「若鷲」の章）

＊

私も信心をはじめて数年ぐらいたった時、御書の読了に挑戦した。何回か挫折《ざせつ》した後に、全部読み切った。

その御書は、いまでも大切に保存してあるが、ともかく「御書」こそ人間生命の「原典」であり、信仰の依処《えしょ》であるゆえに、読了すること自体に新しい発見が生まれ、自分自身に一つの成長や変革の証《あかし》がもたらされることは間違いない。

御書はすべての根本であるが、「文は意を尽くさず」でもある。当時の時代背景を認識することも大切だが、現代に御書を展開するにあたっては、社会と隔絶《かくぜつ》したような教条主義を排していかなければならない。

また御書は「文・義・意」の原理（経文と実理と根本元意）から把握し、日蓮大聖人の元意は、人間生命の仏界を顕現せしむることにあるという観点から展開していけばよい。そして大聖人の元意どおりに実践しているのは創価学会だけである。

こういうことをふまえて、自分の勉学、仕事を全部やったうえで御書の読了に挑戦してほしい。

（一九七四年七月二十八日）

＊

広宣流布を進めていくうえにおいても、たんに「この信心はすばらしい」と言うのみでは、幅広く仏法への理解を広げゆくことは、とうていできない。あらゆる角度から語りに語り、多彩に表現してこそ、より多くの人々を納得させられる時代である。

ゆえに諸君は、みずみずしい向上心をもって「知識」を探究《たんきゅう》しゆく努力を忘れないでいただきたい。

（一九九〇年一月十五日）

＊

教学を学び、正邪の基準を知った教学部員は、「正」を訴え、「邪」を破ってこそ、学んだ価値がある。教学を武器に戦ってこそ、「学」が成仏への推進力となる。

（一九九一年九月二十日）

＊

大聖人の大確信の御境界を拝し、我が信心を炎《ほのお》と燃やす――これが教学の魂《たましい》である。私どもは、「確信の教学」「決意の教学」「行動の教学」で進む。ここに真実の仏法興隆運動がある。

（一九九五年十月六日）

## 13 折伏・対話

黙っていては、何も変えられない。誤《あやま》った先入観を打ち破るのは、「正義の声」「確信の声」の響きである。たじろがず、ためらわず、恐れなく、語って語って語り抜く。人々の心を揺《ゆ》り動かし、正義へ、真実へと目覚めさせていく。ここに対話の醍醐味《だいごみ》がある。「歴史の地殻変動」は、民衆の対話から始まるのである。

（二〇〇一年四月四日）

＊

口《くち》は「鉄砲」である。声は「弾丸」である。正義の言論こそ、皆の心を変え、平和と幸福を築く、最強の「武器」なのである。

（二〇〇一年二月十九日）

＊

折伏を「排他的」と誤解する人もいるが、深く掘り下げて見れば、立場の違いを超えて、相手の言に耳を傾け、たとえ反対され、ののしられても、力によらず、あくまで誠実な対話によって、人を救おうとする——最高の慈悲の行為であり、これ以上の寛容《かんよう》はない。寛容は妥協とは違う。真実を語り抜く信念なくして、本物の「寛容の精神」はありえないのである。

（二〇〇〇年四月二十五日）

＊

（知識人の学会への批判にどう対処したらよいかという学生の質問に答えて）

「批判は、これまでもあったじゃないか。相手が知識人だからといって、何も恐れることはありません。批判に誤《あやま》りがあれば、君たち学生部が正していけばいいんです。どうすればいいかではない。君たちが、同志のために立ち上がるのです。（中略）学会には定見がある。大哲学があるからです。しかも、実際にその哲学を実践し、多くの民衆に貢献《こうけん》するという実証を示してきた。私たちは、口先だけの無責任な傍観者《ぼうかんしゃ》ではない。行動者です。だから学会は強いし、どんな批判も、それを打ち破っていくことができる。あとは、君たちが自信をもって、堂々と見事な論陣を張っていくことです」

（『小説　新・人間革命』第六巻「若鷲」の章）

＊

どんな気構えをもっていようが、声をあげるべき時にあげなければ、眠っているに等しい。言論戦とは、まさに、「時」を見極める戦いであり、また、時間との勝負でもある。

（『小説　新・人間革命』第十四巻「智勇」の章）

＊

折伏とは、人間としての共通の悩みにいっしょになって苦しみ、それを語り合いながら、人間としての生き方にめざめていくことであると考えられる。

いいかえれば、折伏とは自他ともの人間精神の覚醒《かくせい》運動である。人間と人間との魂《たましい》のふれあい、そして生命の本源的めざめ、それをとおしての互いの錬磨《れんま》と成長の場全体が、折伏であると思う。

妙法こそ、その生命変革、人間変革の源泉であり、淵源《えんげん》であることを知った私どもにとっては、その妙法という胸中の宮殿の珠をいだき、生命哲学の運動を興《おこ》していくことが、これからの新たなる使命であり、人類への、真実の平和への責任遂行の戦いではないかと訴えたい。

（一九七二年七月三十一日）

＊

語らなければ楽かもしれない。戦わなければ安穏《あんのん》かもしれない。しかし、それでは広布の勝利はない。広宣流布は壮大な精神闘争であり、知性の戦《いくさ》であるからだ。

（一九九〇年七月二十一日）

＊

真実を真実のままに話す。事実を事実のままに話す。それが歴史となり、未来を照らす。また、自身の魂《たましい》の健康を育《はぐく》んでいく。青年は語らねばならない。

（一九九一年九月二十日）

## 14 悪との闘争

「このままではいけない！」「黙ってはいられない！」――トルストイは勇敢に叫んだ。臆病《おくびょう》は卑怯《ひきょう》である。臆病は悪である。

いわんや今の日本は、トルストイの時代とちがって、民主主義の時代である。とくに若い諸君は、正義のために、言いたいことを、どんどん言えばいい。言わなければ損である。

嫉妬《しっと》に狂ったデマであり、事実無根のウソであることが歴然としているのに、何の反論もできないような情けない青年に、断じてなってはならない。

青年は、勇敢に進むのだ。折伏精神を忘れてはならない。

（二〇〇三年七月十六日）

＊

「邪悪《じゃあく》な人間」にとって、「正義の人間」は邪魔である。悪を許さぬ勇気を持った人、無私の心で民衆の側に立って戦う人は、邪魔である。だから、迫害される。「正しいからこそ」迫害されるのである。

（二〇〇二年四月十二日）

＊

何か曲がったことを言われたら、直《ただ》ちに言い返す。たたみかけるような反撃の切れ味の鋭さ。この破折《はしゃく》の智慧《ちえ》と力を、青年部は正義の闘争の中で磨《みが》き、体得していただきたい。

（二〇〇一年六月二十七日）

＊

悪への怒りを忘れるような、表面のみの〝寛大《かんだい》な人格者〟は偽善《ぎぜん》の徒である。悪と戦う勇気なき者に、正義を語る資格はない。もはや「青年」でもなければ、「人類の希望」でもない。悪との徹底闘争――そこに仏法の精神もあり、牧口先生、戸田先生が身をもって示された学会精神もある。

（一九八九年八月二日）

＊

民衆の正義の怒りほど強いものはない。強大に見える時の権力をも動かし、社会と時代を進歩させていく。

なによりも青年は、悪に鈍感《どんかん》であってはならない。卑劣《ひれつ》なる指導者と戦う覇気《はき》をなくしてはならない。

社会悪に対し、陰で愚痴《ぐち》を言っているのみであっては、あまりにも後進的な、封建社会のごとき姿といわざるをえない。青年は、正義のために、断固、民衆の先駆となって、勇んで立ち上がるべきである。

（一九八七年六月二十八日）

＊

「私は我慢《がまん》しているのだ」などと言って、悪と戦わず、悪を増長させる者は、もはや「菩薩」ではない。広布の指導者ではない。かえって罪をつくってしまう。正義を貫《つらぬ》くためには、意気地なしであってはならない。遠慮してもならない。

（一九八九年八月二日）

悪の本質を鋭く見抜く英知の眼を培《つちか》っていただきたい。不正と戦いぬく勇気と根性をもった一人ひとりであっていただきたい。

（一九九〇年七月二十一日）

＊

「瞋恚《しんに》」の悪の勢力に対しては、絶対にひるんではならない。こちらが安易に〝妥協〟したり、中途半端に〝寛容《かんよう》〟になれば、ますます増長し、かさにかかって圧迫を加えてくるだけである。「正論」の呼びかけに耳を閉ざし、「対話」をすら拒《こば》む〝毒蛇《どくじゃ》〟のような心の人々に対しては、相手の非を完全に打ち破るまで徹底して戦いぬくことが、仏法者としての真実の「慈悲」に通じていくのである。

（一九九一年九月二十日）

＊

魔《ま》は言いきった分だけ切れる。中途半端であったり、妥協した分だけ、魔の毒気《どっけ》が広がっていく。

（一九九二年九月十二日）

悪の芽は、摘《つ》んでおかなければならない。「善人は、よくしてあげるほど、更に善人になる。悪人は、よくしてあげるほど、更に悪人になる」という言葉がある。友情は友情、人情は人情として、諸君は「正義の長城」のためには、断じて悪人をはびこらせてはならない。また、「讒言《ざんげん》」を見抜かなければならない。

（一九九七年一月十七日）

*

## 15 理想のリーダー像

リーダーは、友を守る「強さ」をもつことだ。真に「強い人間」であってこそ、真に「優しい人間」になれる。「勇気」と「慈悲」は表裏一体なのである。

（二〇〇二年六月一日）

＊

歴史をつくるには、号令ではつくれません。先頭切って「自分がやる」しかない。自分が苦しむことです。自分が祈ることです。自分が動くことです。

フランスの歴史家・ミシュレは言っております。

「生命は生命と出会うと輝《かがや》き出て磁気を帯びるが、孤立すれば消え入ってしまう。生命は自らとは異なった生命とまじりあえばまじりあうほど、他の存在との連帯を増し、力と幸福と豊かさを加えて生きるようになる」（『民衆』大野一道訳、みすず書房）

自分が人と会うことです。組織活動こそが、自分の生命を輝かせるのです。

「英雄」とは、だれのことか？　「自分にできるすべて」を実行した人間こそが、英雄なのです！

（二〇〇〇年三月十二日）

＊

最高の指導者の条件とは何か？　それは、指導者みずからが真実の師匠を持ち、その師匠を求めて、謙虚《けんきょ》に真摯《しんし》に学び続けることであります。

そこにこそ、行き詰まることなく人材が結集され、全体の向上と勝利への波動が、わき起こっていくのです。

（二〇〇〇年六月二十七日）

＊

指導者は、まず真剣に祈り、人材を見つけ、人材を育てていくことである。偉大な人間をつくる以外にない。

（二〇〇〇年二月二十九日）

＊

中心者、指導者の信心が純粋か否か。またその行動、振る舞いが、慈悲深く立派であるか否か。

ここに学会の団結の永遠不滅《ふめつ》を決する一つの要諦《ようてい》があることを知らねばならない。

（一九八六年八月二十四日）

＊

指導者は、その人の本質を誤《あやま》りなく見抜く力をもたなくてはいけない。また決して、好き嫌いの感情やジェラシー（嫉妬《しっと》）で、あるいは置かれた立場や境遇《きょうぐう》という外面的なことで人を見たり、判断してはならない。

（一九八七年七月二十一日）

＊

指導者というのは、上層の人たちや幹部のみの評価で決まるものではない。どこまでも民衆から広く信頼されているかどうかが大事である。

学会にあっても、〝あの人と一緒なら〟〝あの人のためなら〟と、会員の人々から慕《した》われ、信頼されるようなリーダーでなければならない。

また、たとえ表面的な姿はどうであっても、生命の奥底には〝広布に生きぬく〟〝地涌《じゆ》の勇者の使命に生きる〟との決定《けつじょう》した一念をもった人が、もっとも、立派な人材なのである。

（一九八七年七月二十一日）

＊

たった一人の幸せのためにも、わが身を顧《かえり》みず走り、行動していく。これこそ、真実の指導者の心である。

（一九八九年八月二日）

国家であれ、会社であれ、一家であれ、指導者が無能であれば、その団体は結局、敗北し滅びていく。それは、広宣流布の運動も例外ではない。ゆえに指導者は、同志を思いやる心の深さは当然として、知性と知恵を徹底して磨《みが》かなければならない。

リーダーとしての強靭《きょうじん》な頭脳と精神力がなければ、舵《かじ》をとる〝広布の船〟をも難破させてしまうからだ。

（一九九〇年一月十五日）

＊

たんなる〝お人よし〟であったり、いわんや〝愚《おろ》か〟であっては絶対にならない。一切法は仏法に通ずる。人生と社会の万般に通じた聡明《そうめい》なリーダーとならなければ、「広宣流布」の戦いに勝つことはできない。「民衆」を守ることはできない。

（一九九二年九月十二日）

＊

＊

学会の役職は名誉職ではない。すべて責任職である。ここに学会の役職の伝統がある。創価学会は、苦しんでいる人、悩んでいる人を救うためにある。

ゆえに学会のリーダーは、人々の苦しみ、会員の心を、だれよりもわかる人でなければならない。そうでなければ、仏法の指導者の資格はない。学会の真実の幹部ではない。

苦労してこそ、「信心」も深まるのである。苦労を避《さ》け、立場の権威で人を動かそうとする人間は「指導者」ではなく「権力者」になってしまう。そうなれば、皆を苦しめ、信心の世界を破壊する魔物である。

（一九九五年六月二十八日）

## 16 団結

御書には「異体同心であれば万事を成就できる」（一四六三ジペー、通解）と仰せである。

仏法は、一面からいえば「人間学」である。

人間としての振る舞いが、いかにあるべきか。どう振る舞えば、どのような結果が示されるか――このことを透徹《とうてつ》した人間観察から説いたのが仏法である。

万事を成ずるためには、異体同心でなくてはならない。これこそ、広布推進の鉄則である。反対に、「異体異心」であれば「城者として城を破るようなものである」（御書一三三七ジペー、通解）とも大聖人は戒《いまし》めておられる。

「魚は頭から腐る」という言葉がある。

幹部になればなるほど、心を一つにしていくことである。自分が苦労した人は、他人の苦労も分かってあげられる。自分が努力したからこそ、他人の努力の尊さが分かるのである。

（二〇〇二年十一月十五日）

＊

戸田先生がよく私ども青年部、弟子にお話しくださった一つに「わが青年部は昭和の高杉晋作であり久坂玄瑞である。宗教家ではない。国士である」。国士ということは、今でいえば日本の指導者という意味であります。

そして、明治維新の、近代革命の導火線であって、吉田松陰を中心とした双璧《そうへき》といわれたのが、高杉晋作であり久坂玄瑞です。

「高杉晋作は実践型、久坂玄瑞はどちらかといえば理論型、学者のほうである。だが、このふたりは、吉田松陰を、松陰先生を中心として、ひじょうに尊敬し合っておった。自分にないところは、その相手に見出し、また相手にないところは同志のいいところを見出して、おたがいに尊敬し合い、団結し、補《おぎな》い合ってきた」

そういうお話をよくしてくださったのであります。

この学生部のなかにも、ある人は実践型で育っていく人もいるでしょうし、ある人は理論型、学者型で進んでいかねばならない性質の人、個性の人もいると思います。

いずれにしても、御本尊に照らされ、広宣流布という大目的のうえに立って、おたがい、いかなる性格であっても尊重し合い、尊敬し合い、守り合って、最後の最後まで見事なる青春時代と人生を生きていこうではありませんか。

（一九六二年九月七日）

＊

生命の厳しき因果のうえからも、信心の世界においては、同志を侮辱《ぶじょく》したり、あざけるようなことは、絶対にあってはならない。

仏法を信受した人を軽蔑《けいべつ》し侮辱すれば、結局は自分自身の心を侮辱し、わが身を破壊するようなものである。

はじめは事なきようにみえても、最後は、坂をころがり落ちるように、自らの功徳を消し、三悪道・四悪趣の道に入ってしまうのである。

（一九八六年十二月七日）

＊

多くの友人がいても、利害のみで結びついたものであれば、まことにはかなく、浅いものである。

偉大なる理想に向かって志を同じくして進む同志ほど尊い存在はない。この深い友情と友愛に結ばれた絆《きずな》は、時に兄弟以上の強さを持っている。

反対に信心を妨《さまた》げる悪知識の人は、御聖訓《ごせいくん》に照らして、遠ざけていくことが正しいのである。

また、そういう悪知識の人は、清い信心の世界にいつまでもいることができず、必ず離れていくものである。

諸君も、いかなる立場にあっても、広布の同志として互いに守り励《はげ》ましあい、さらにその絆を強めていっていただきたい。その、かけがえのない絆こそが、青春と人生を彩《いろど》る最高の〝宝〟である。

（一九八七年一月十日）

＊

大事を成すには、不抜《ふばつ》の「信念」がなければならない。

そして信念は何より、行動のなかで育《はぐく》まれ、行動のなかで試される。信念は、青春時代に鍛《きた》えられ、一生というドラマの最終章で決まる。信念こそが、人間の証《あかし》である。

諸君は、志《こころざし》を同じくする「永遠の同志」として、一生涯、誇《ほこ》らかに、うるわしく、すがすがしく、誉《ほま》れある「同志の心」を貫《つらぬ》いていただきたい。

そして、時とともに歴史に薫《かお》りゆく、永遠の「生命の勝者」の自身をつくりあげていただきたい。

（一九九〇年一月十五日）

＊

真実の友情は、人間として最高の宝である。

（一九九〇年七月二十一日）

## 17 価値創造の日々

広宣流布へ戦えば、「体」が健康になる。「心」が健康になる。「行動即健康」の軌道が、仏法の正道なのである。

（二〇〇二年一月七日）

＊

生命が健康でなければ大境涯を悟ることはできない。本当の一念三千にならない。健康即仏法である。生活即信心である。

ゆえに、交通事故を起こさないことも、体調を崩《くず》さないよう努力することも、すべて仏法に含まれる。

一切の行動、すべての活動も「自分の健康のためなんだ」と自覚した、賢明《けんめい》な一日一日であらねばならない。

（一九九五年六月二十八日）

＊

事故は、本人も不幸であるし、家族や同志にも深い悲しみを与える。ゆえに絶対に起こさないよう、皆で注意し合って、防いでいくべきである。また、一度、事故を起こした人は、再び起こす生命の傾向をもっている場合がある。二度と起こさないように、決意し、祈っていっていただきたい。

妙法を持つ私たちは、「宿命を打開しよう！　絶対に事故を起こすまい！　広宣流布のために働こう！」と祈りながら、絶対無事故の日々を勝ち取ってまいりたい。

（二〇〇一年二月二十七日）

＊

若い諸君にとって、結婚は第二の人生のスタートであり、人生の幸福を築いていくうえで大事な問題である。その意味でも結婚は、両親をはじめ周囲の人々から祝福されるスタートであっていただきたいと思う。一時の感情に流されて、賢明《けんめい》な判断を欠くと、自らの希望の未来を閉《と》ざしてしまうことになりかねない。

また相手の人も、父や母も、多くの関係者も悲しませ、苦しませてしまうことになる。さらには、生まれてくる子供までが苦しむ場合がある。そうであってはならない。前途有望な諸君らの使命は重いがゆえに、一言申し上げておくのである。

（一九八六年十二月七日）

*

青年にとって、職業の悩みは大きい。自分には、どういう職業が向いているのか。今の職業で、いいのだろうか――こう悩む人も多いにちがいない。私も青年時代に、悩んだ。はじめ私は、戸田先生の出版社で少年雑誌の編集をした。あこがれの職業であった。しかし、経営が悪化し、雑誌は廃刊《はいかん》。私の仕事は、いちばん嫌《きら》いな金融の仕事に替わってしまった。しかも、月給さえもらえない時期が続いた。冬になっても、オーバーも買えなかった。しかし私は、文句など一言も言わなかった。願いは、ただ戸田先生の苦境を打開することであった。そのために、ひたむきに働いた。

私は、戸田先生をわが師匠と決めていた。一度そう決めたのだから、貫《つらぬ》くしかない。師弟は、「弟子がどう戦うか」で決まる。戸田先生も、牧口先生を師匠と定めたゆえに、ともに牢獄《ろうごく》に入り、辛酸《しんさん》をなめ尽くされた。

しかし、戸田先生は「あなた（牧口先生）の慈悲の広大無辺は、わたしを牢獄まで連れていってくださいました」と感謝をささげられたのである。なんと崇高《すうこう》な弟子の姿か。これが「本物」の師弟である。師弟は弟子で決まる。

戸田先生は、職業の悩みをもつ青年に対し、こう指導されていた。

「職業を選ぶ基準。これには三つある。すなわち美・利・善の価値だ。『自分が好き（美）であり、得（利）であり、社会に貢献《こうけん》できる（善）仕事』につくのが、だれにとっても理想である。しかし、実社会は、君たちが考えるほど甘くない。はじめから希望どおり理想的な職業につく人は、まれだろう。思いもかけなかったような仕事をやらなければならない場合のほうが多い」

たとえば――。

〝生活ができて、社会の役に立つが、どうしても向いていない、好きになれない〟（利があり、善だが、美ではない）

〝「好き」で「人の役に立つ」職業でも、食べていけない〟（美と善があっても利がない）

〝「もうかって」「好き」な仕事でも、社会の迷惑になる〟（利であり、美であるが、善では

ない）

このように、現実には「美」「利」「善」の三つの価値は、なかなかそろわない。とくに今は、不景気でもあり、就職の困難は増している。

それでは、どうすればよいのか。戸田先生は教えられた。

「こういう時、青年は決して、へこたれてはいけない。自分の今の職場で全力をあげて頑張ることだ。『なくてはならない人』になることだ。嫌《いや》な仕事から逃げないで、御本尊に祈りながら努力していくうちに、必ず最後には、自分にとって『好きであり、得であり、しかも社会に大きな善をもたらす』仕事に到着するだろう。これが信心の功徳だ。それだけではない。その時に振り返ると、これまでやってきた苦労が、一つのむだもなく、貴重な財産として生きてくるのです。全部、意味があったとわかるのだ。私自身の体験からも、こう断言できる。信心即生活、信心即社会であり、これが仏法の力なんだよ」と。

戸田先生は、不世出《ふせいしゅつ》の天才的な指導者であられた。先生の言葉の正しさは、私の経験からも本当によく実感できる。

自分が今いる場所で、勝つ以外にない。仏法でも「本有常住《ほんぬじょうじゅう》」（本来そなわっていて、三世にわたって存在すること）「娑婆即寂光《しゃばそくじゃっこう》」（現実の娑婆世界が、本来、仏の住するすばらしい世界であること）と説く。その場で光ることである。当面の仕事を避《さ》けないで、全力で頑張りぬいていけば、必ずいちばん良い方向へと道が開けていく。やがて〝これまでの苦労には、全部、意味があった。すべて、自分の財産になった〟――こうわかるようになる。その時こそ、諸君は勝利者である。

（一九九五年六月二十八日）

# 18 良書が人間をつくる

良書に親しむことは、一生の財産です。映像だけでは、刹那的《せつなてき》であり、受け身になりがちです。また、科学的な知識にも、深く豊かな人間性がともなっていなければ、危ない。人間が原点です。読書が、人間らしい人間をつくるのです。民衆のための指導者になろうとするならば、読書は、どうしても必要です。

人間のとらえ方が浅い皮相的な小説でなく、世界一流の大文学を読むべきです。

何のための人生か。何のための学問か。その裏づけとなる深き哲学がなければ、浅薄《せんぱく》な人生になってしまう。自分という人間を、どう深めるか。

豊かな人間観を、どうつかむか。そして、自分を最大限に輝《かがや》かせながら、どう人生を生き抜いていくか。そこに人生の根本の課題があるのです。

（二〇〇二年九月三十日）

＊

若き皆さんは、ぜひとも良書に親しんでいただきたい。心を豊かにする小説。味わい深い古典。世界的な大文学。これらを読むことは、青春時代の宝です。

現代は、低俗な言論が横行している。人の悪口を書いては、社会に迷惑をかける。人の不幸を喜びながら、じつは自分が不幸の道を転落していることを知らない――そう警告する識者は多い。皆さんは、どこまでも幸福になる道を歩んでいくことです。

（二〇〇二年十月一日）

# 第三章 スピーチ

第一回全国学生部幹部会

# 「民衆の世紀」の夜明けへ　太陽と輝け

一九九七年四月十五日　創価国際友好会館

## 『エミール』——恩師との思い出

先日、学生部の代表の皆さんから、フランス革命前夜（七年前）の一七八二年に出版された『ルソー全集』（フランス語版）を頂戴した。

ルソーの名著に『エミール』がある。

戸田先生が亡くなられる前、電車の中で「今、何を読んでいるのか」と聞かれた。ちょうど、そのとき、読んでいたのが『エミール』であった。戸田先生は「内容を話してみよ」と。すぐに、お答えしたが、いつも厳しい先生であった。

『エミール』（今野一雄訳、岩波文庫）の中でルソーは、「最も教育された者」とはどういう人間かを論じている。

ルソーは語る。それは「人生のよいこと悪いことにもっともよく耐えられる者」である、と。

仏教でも、仏を「能忍《のうにん》」、すなわち「能《よ》く忍ぶ」人と呼ぶ。ルソーの言葉は、仏法にも通じる。ゆえにルソーは、「ほんとうの教育とは、教訓をあたえることではなく、訓練させることにある」と結論した。意味の深い、大切な言葉である。

私は戸田先生から、〝訓練〟を受けきった。一番の代表として、朝から晩まで先生の側にお仕えした。それはそれは厳しい〝訓練〟であり、教育であった。

先生は「戸田大学」と言われていた。二人きりの大学であった。その薫陶《くんとう》を受けたことが、私の青春の誉《ほま》れであり、幸福である。

本年は、私が、戸田先生と出会って五十年。入信まもないころ、諸君と同じ年代の私に、戸田先生が「この御書だけは命に刻んでおきなさい。学会の闘士になるためには、この御書は忘れてはならない」と言われ、教えてくださった御聖訓《ごせいくん》がある。

それは、「御義口伝《おんぎくでん》」の一節、「一念に億《おく》劫《ごう》の辛労《しんろう》を尽せば本来無作の三身念念に起るなり」（御書七九〇ジペー）――億劫（きわめて長遠の間）にわたって尽くすべき辛労を、わが一念に尽くして（広宣流布に戦って）いくならば、もともと自分の身に備わっている無作三身の仏の生命が、瞬間瞬間に起こってくるのである――であった。

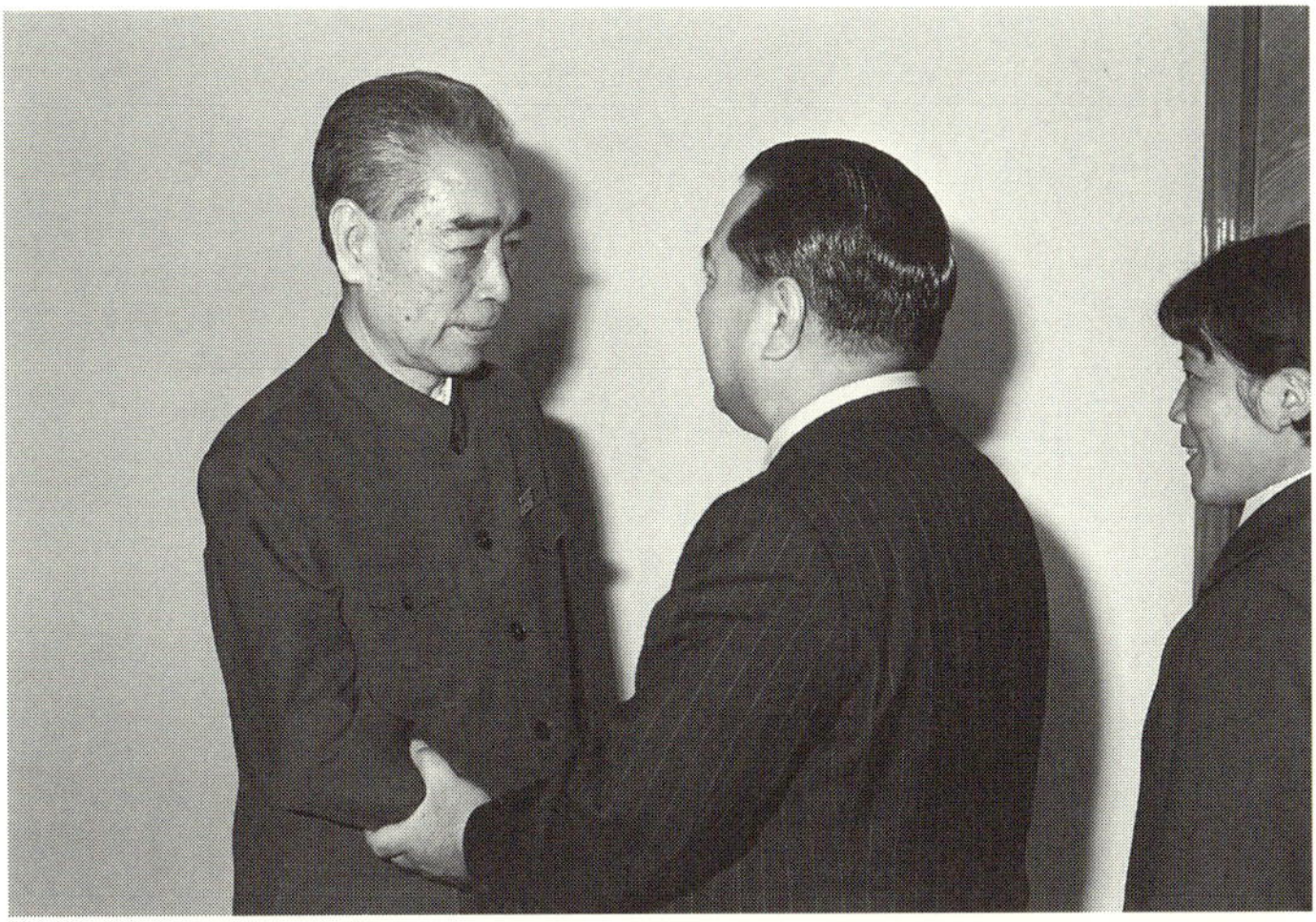

「池田会長には、どんなことがあっても会わねばならない」——周恩来総理（左）は重い病気のなか、医師団の反対を押し切り池田会長（当時）と会見。〝一期一会〟の出会いを果たし、日本と中国の永遠の友誼を約しあった（1974年12月5日、北京）

本当に広宣流布に徹すれば、信心に徹すれば、人生の真髄《しんずい》の生き方に徹すれば、自然のうちに仏の境界が薫発《くんぱつ》される、という意味である。

この「師弟の御金言」を、私は万感をこめて、二十一世紀の広布のバトンを託す、わが後継の弟子・学生部の諸君に贈りたい。（拍手）

## 学生が立てば歴史が動く

本日の会合には、二十一世紀の中国を担《にな》う三億五千万の青年の連帯——全青連（中華全国青年連合会）の若きリーダーが駆けつけてくださった。（蔣慶哲《しょうけいてつ》団長をはじめ二十人が、学会青年部の招きで来日。幹部会の冒頭、団長があいさつ。池田ＳＧＩ〈創価学会インタナショナル〉会長とも会見した）

「若い人と会いたい」「これからの人を大事にしたい」――これが、周恩来総理の一貫した心であった。戸田先生も、そうであった。

総理は、この心で、私を迎えてくださった。お会いしたのは、一九七四年十二月五日、北京の病院である。（ＳＧＩ会長は当時四十六歳。周総理は七十六歳）

今、私も、同じ思いで、日中両国の若き友情を見守りたい。

全青連が設立されたのは、新中国建国の年である一九四九年の五月四日。「五月四日」といえば、その三十年前の一九一九年五月四日に、歴史的な「五四運動」が起きている。これを皮切りに、中国の学生たちは澎湃《ほうはい》と立ち上がった。目の前に広がるのは、とほうもない混乱の社会であった。

列強諸国、なかんずく日本による侵略。それと戦わず、民衆を犠牲にして、自分たちの権力と権益を守ることのみに汲々《きゅうきゅう》とする軍閥政府や官僚勢力。また、女性差別をはじめとする古い封建の風潮。そのなかで、学生たちは立ち上がったのである。

〝絶対に変えられるはずだ！〟〝変えてみせる！〟と――。

学生たちには、鋭敏かつ柔軟な知性があ

った。揺《ゆ》るぎない決心があった。

今、日本には、社会の改革に立ち上がる学生がいなくなってしまった。精神闘争がなく、脆弱《ぜいじゃく》になってしまった。その意味でも、「日本の将来は、創価学会の学生部に頼《たの》むしかない」というのが、心ある多くの人々の真情であろう。（拍手）

## 組織が皆の力を引き出し、生かす

中国の戦う学生たちの中に、二十一歳の周恩来青年の凛々《りり》しき姿もあった。

この年、留学先の日本から急遽《きゅうきょ》、帰国した周青年は、天津の南開大学に行き、学生の連帯の「核」となる組織をつくる。

周総理は、若き日より、組織の大切さ、「核」をつくることの重要性を知っていたのである。これが、近代の最先端をいく指導者の「知力」である。終戦直後、ある知識人と話したとき、その人が語っていた言葉が、今も耳朶《じだ》から離れない。「これからは、組織の時代だ。組織をつくるか、組織をもつか、それで決まる。しかし、なかなか組織はできないものだ」と。

戸田先生は、牢獄《ろうごく》から出られた後、「広宣流布の組織をつくる！」と決められ、見事に、創価学会という最高の組織をつくられた。偉大な先生であった。

組織というと、何か自由を束縛《そくばく》する、邪

魔なものと感じる人もいよう。しかし、「自由」といっても、自分がどう進めばいいのか、何の道もないなら、無軌道になってしまう。走るときも、道がなかったら、どう行けばよいのかわからないし、迷走してしまう。組織があるからこそ、弱い自分を律してくれるし、励《はげ》まし、支えてくれる。行くべき軌道を歩んでいける。また、皆の力を集め、そのなかで、自分の力を存分に生かしながら、大きな価値を創っていけるのである。

何ごとも、バラバラでは、力は出ない。私たちのこの体も、すべて組織体である。だからこそ、手も足も目も口も、それぞれの部分が生き生きと生かされるのである。

周総理の慧眼《けいがん》は、「組織をつくる」大切さを見逃さなかった。また総理は、「幅広い民衆に根ざした創価学会の組織」の大切さに、いち早く注目されたのである。

## 若き日の周総理――「覚悟」の革命闘争

周青年がつくった組織の名は、「覚悟《かくご》社《しゃ》」。周青年の命名であった。「革命のためなら、いつでも、喜んで命を投げ出そう!」との心意気が伝わってくる。革命児としての当然の決意である。「覚悟」とは、〝深き自覚〟との意義である。

戸田先生も、よく「覚悟の信心に立て!」

「覚悟の人生を生きよ！」と、言われていた。周青年の心と、同じ心の波長である。

「覚悟社《かくごしや》」は、初めは、たった二十人という少数精鋭《せいえい》からの出発であった。学会も同じである。最初の青年部は二、三十人からの出発だった。

たとえ人が少なくても、本気で立つならば、いくらでも時代を動かすことができる。「必死の一人は万軍に勝る」とは、昔からの格言である。

「覚悟社」の一員には、十五歳の鄧穎超《とうえいちよう》女史もいた。のちの周恩来夫人である。

女史とは、中国で、日本で、何度も何度も、お会いした。いつの日も、語らいを心から喜んでくださった。

当時、彼女は天津の第一女子師範学校の学生であった。いうなれば、周総理も、鄧女史も〝学生部〟の出身であった。「覚悟社」は、半数の十人が女性であった。彼女たちは、男女平等を高らかに謳《うた》った。

「男性と女性に、上も下もない！　平等な革命の同志だ！　革命に、上も下もない！　人生にもない！」

時代の夜明けを告げる、この学生のスクラムを、北京のある新聞は、「天津の小さき明星」と、たたえた。大空に、真っ先に輝《かがや》く金星のようだと。明星が光り始めたあとは、次々と、きら星が夜空に現れる。「彼らは、きっと何かやるだろう」との大きな期待のあらわれだったであろう。

学生が立ち上がれば、歴史が動く。これは、古今東西の定説である。いつの時代も、学生の使命は、「先駆《せんく》」であり、「開拓」であり、「変革」である。

周青年たちは、著名な学者や言論人らを招き、一緒になって学んだ。共同の図書室もつくり、それぞれ自分の本を持ち寄って、研鑽しあった。「本を読もう」「みんなで語りあおう」との、みずみずしい探究心《たんきゅうしん》があった。

そして『覚悟』というタイトルの論文集を発刊し、ペンの力で、新社会の建設へ、多くの人々を鼓舞していったのである。私どもでいえば、「聖教新聞」「大白蓮華」などの機関紙誌や「第三文明」などの出版物にあたろう。「新しい時代」を先取りし、「新しい思想」を語り、「新しい英知」を磨《みが》いていく――彼らの行動と言論は、同世代の友人、そして民衆に、生き生きと波動を起こしていった。

「覚悟社《かくごしゃ》」の連帯は、わずかの間に、新しい友人を糾合《きゅうごう》し始める。私どもの運動と同じ方程式である。

「まず足元を固めよう」「足元から出発しよう」「身近なところから、立ち上がろう」「『自分』から取り組もう」「そこから波を起こそう」――これが青年たちの決意だった。

周青年は、つねに訴えた。

「改革といっても、革命といっても、自

分から始める以外にない」と。

　〝社会を変えるためには、人間を変えるしかない。そのためには自分自身を変えていく以外にない〟――彼の信念は、生涯、一貫して変わることはなかった。私どもの「人間革命」の心と深く通じあう。

## 「新しき自分」を創造せよ！

　学生の心を変える意味であろう、論文集の創刊号には、周青年を中心に「学生の根本的覚悟」と題する主張を載《の》せた。

　「学生は社会にかかわっていこう！　学生は無知や無関心であってはならない！　しかし、社会の風潮に流され、軟化されてもならない！」（中国語版『覚悟』人民出版社。以下、参照）と。そして、学生は、いかにして自身の変革に取り組むべきか。それには十五の心すべき精神があるという。

　すなわち、「自覚」「革新（新しいものを求める）」「精確《せいかく》（きめ細かく確実）」「自決（自ら判断する）」「実行」「奮闘」「勇敢」「犠牲（献身する）」「持久」「誠実」「創造」「発展」「平等」「互助（ともに助けあう）」「博愛」――である、と。

　覚悟の深い学生は、こうした全人格的な錬磨《れんま》ができる。〝無限の光明《こうみょう》を放つ青春の生き方があるのだ〟と、周青年たちは訴えたのである。そして結論として、こう友に呼びかける。

「学生の根本的な覚悟とは何であろうか？　われわれは、ただ一言で答えよう。それは、学生としての新生命を創造しゆくことである」

まさに「人間革命」である。わが命を革《あらた》めよ！　わが生命を新たにせよ！　生活に「新生命」の息吹をみなぎらせよ！――と。

この創刊号には、鄧穎超《とうえいちょう》女史も論文を載せている。彼女は叫ぶ。

「なぜ、学生が着飾ってばかりいるのか！」「なぜ、学生が、つまらない雑誌ばかりを読んで時間を無駄《むだ》にしているのか」。また「今、必要なのは、事を成す人間である！」と。

大切なのは「実践の人」だというのである。女史の聡明《そうめい》さが思い出される。すばらしい人柄の女性であった。さらに彼女は、〝魔《ま》は内部に巣くう〟と見ぬいていた。

「運動が大きくなると、不純な動機で近づき、邪魔や批判ばかりする人間が出てくる。そのくせ、自分ではやらない。放っておくと破壊に走る。そういう人間には気をつけなければならない」と。女史は、「一人立つ」強き女性であられた。

## 「思想は獄中で躍動する」

さて、この論文集が発刊された一九二〇年一月、抗日闘争の先頭に立った周恩来青年は逮捕され、約半年にわたって投獄され

池田SGI会長が世界最高峰の学府・米ハーバード大学で「21世紀文明と大乗仏教」と題し講演（1993年9月24日）。SGI会長は、91年にも同大学で「ソフト・パワーの時代と哲学」との講演を行っているのをはじめ、世界最古の大学であるイタリアのボローニャ大学やモスクワ大学、北京大学など、海外の大学・学術機関での講演は31回を数える

る。寒い冬であった。

偉大な人物は必ず、迫害に遭《あ》うものだ。投獄されるか、処刑されるか。それからみれば、悪口など問題ではない。

御書にも「法華経の行者は悪口《あっく》罵詈《めり》される」と、繰り返し仰せである。

彼は二十二歳の誕生日を牢獄で迎えている。しかし、獄中にあっても、彼は、ともに捕われた学生たちを励《はげ》ましながら、歴史や英語、法律、経済、心理学などを、たがいに講義しあった。牢を出た後の闘争のために、革命の指導者に成長するために、皆で学んでいった。

それは、まさに「監獄《かんごく》大学」であった。

「思想は獄中で躍動する」（金冲及主編『周恩来伝、上』狭間直樹監訳、阿吽社）とは、当時の彼の有名な言葉である。

戸田先生も獄中で悟りを得られた。人生の英雄になれるかどうか――それは試練を受けて乗り越えられるかどうかにある。

今、皆さんは、牢に入らずとも、自分自身の〝使命の場〟で生きぬき、戦いぬいていけばよい。それが「英雄」である。そこに信心が躍動してくる。

四十年前、私も、権力の策謀《さくぼう》によって投獄された。私は、戸田先生のため、また大切な学会員のために獄中で殉じていく覚悟であった。（その権力の魔性《ましょう》との攻防のなか、学生部は誕生した。一九五七年〈昭和三十二年〉六月三十日である。SGI会長の入獄は同年、七月三日。出獄は七月十七日。なお周総理の出獄も一九二〇年の七月十七日である）

民衆が従順であればあるほど、権力は傲《ごう》慢《まん》になる。調子に乗る。これが権力の本性である。

民衆が、権力に愚《ぐ》弄《ろう》され、いじめられてきた歴史を、なんとか変革しなければならない――そう立ち上がったのが過去の真実の学生運動であった。

どうか諸君は、この方程式を、しっかりと胸に秘めていっていただきたい。転倒の歴史にピリオドを打っていただきたい。それが学生部の使命である。

一九六八年九月、私が「日中国交正常化」を訴えたのも、学生部総会の席上であった。中国の人民を苦しめた日本こそが、中国の国連加盟と、その発展に、最大に貢献《こうけん》すべきことを、私は、そのときに申し上げた。

（全青連の蔣慶哲《しょうけいてつ》団長は、ＳＧＩ会長との会見で「中国の青年は、池田会長が中日国交正常化に尽力してくださった恩を決して忘れません。忘れてはなりません」と語った）

きょうまた、ここにいる学生部の勇者の諸君にも、ふたたび、「日本こそが、中国の発展に最大に貢献すべきである」と明快に宣言しておきたい。諸君、お願いします。（拍手）

## 周夫妻は楽観主義に生きぬいた

ところで、周恩来青年が、獄中にあって、横暴な地主を糾弾《きゅうだん》する演劇などを皆で演じたエピソードは有名である。その姿に看守までが心を動かし、感動して理解者になっていったという。

周総理は、鄧穎超《とうえいちょう》女史とともに、いかなる苦難にあっても、生涯、「楽観主義」に生きぬいた。

恐れない。卑屈にならない。負けない。心を追いこまれない——これが楽観主義の生き方である。のちの一九四一年、抗日戦争の真っただ中でのこと、周総理は反動分子に狙われ、身の危険にさらされる。それでも彼は堂々と戦いぬいた。

鄧穎超《とうえいちょう》女史も、一生懸命に周総理を励《はげ》まし続けた。

そのころ、鄧女史は自分を「大楽天《だいらくてん》」(大いなる楽天家)と呼んでいた。

すると、周総理も、こう自称したのである。「賽《さい》楽天」(楽天を競いあう人)と。

たがいにたたえあい、楽観主義を競いあう——和《なご》やかな同志の姿である。

わが創価のスクラムもまた、たがいに尊敬しあい、励ましあい、助けあい、成長を競いあっていく人間道場である。


責めあったり、追及しあったりする冷たい関係ではいけない。

励ましてあげなければいけない。「大丈夫《だいじょうぶ》だよ」と、楽観主義のほうへ、元気をあたえてあげなければいけない。

お父さんやお母さんにも、たまには電話でもしてあげて、「今度帰ったら、肩をもむよ」とか、優しい言葉を贈ってあげてほしい。

みんなを元気にさせて、味方にしていく——それが価値創造であり、それが賢者である。

ともあれ、希望は自分でつくるものである。どこであろうと、何があろうと、そこで幸福をつくっていく——それが創価の生き方である。

## 民衆の中へ飛びこみ、苦難に挑め

さて、牢獄から出た周青年は、波瀾万丈《はらんばんじょう》の学生生活の結論として、覚悟社《かくごしゃ》の同志の前でスピーチする。

「祖国を救う道は、われわれ自身が民衆の中に飛びこむことだ！」と。

勉強さえしていればいい。自分の道さえ歩んでいればいい——そんな心の狭い利己主義ではない。ひたすら「民衆の中へ」——これが周青年の信念であった。

学会と同じである。組織の中へ、学会員の中へ、座談会の中へと飛びこんでいく——これが本当の大聖人の仏法である。一流の人生の生き方である。

学生部の諸君は、大事な大事な私の門下生である。

ゆえに、本当のことを語っておきたい。人生の真髄《しんずい》の生き方を言っておきたい。

先日（四月六日）、リーダーシップをテーマに、フィリピン大学のアブエバ前総長と語りあった。（SGI会長は、人間を善と価値と希望の方向へ導く「人間主義のリーダーシップ」の重要性を論じた）

周総理と鄧《とう》女史の偉大なリーダーシップは、こうした学生時代の闘争のなかで、つくられた。
わが学生部の諸君もまた、「あえて苦労に」「あえて苦難に」挑んでいただきたい。そのなかから、自然のうちに、リーダーシップは育っていく。発酵《はっこう》していく。鍛《きた》えられていく。机上の計算や観念《かんねん》で身につくものではない。最後に、周総理二十四歳の年（一九二二年）の詩を紹介したい。

耕《たがや》さずして　なんの収穫ぞ
（中略）
坐して語るより
　むしろ起ち上って行動せん！
（中略）
たくましく鋤《すき》をふるい
未開の大地を切り開こう
種を人間界《ひとのよ》に播《ま》き
　血を大地に注ごう
（『寥天《りょうてん》』林芳訳、サントク・エンタープライス出版部）

この詩にこめられた意味を、諸君は深くかみしめていただきたい。

## 試練に鍛《きた》えられた天才　レオナルド・ダ・ヴィンチ

さて、一四五二年、今から五百四十五年前の、きょう四月十五日に生まれた大芸術家がいる。〝ルネサンスの巨人〟レオナルド・ダ・ヴィンチ（一四五二年―一五一九年）

である。レオナルドについては、三年前（一九九四年）の六月、イタリアのボローニャ大学でも講演した。

（九百年の伝統を誇《ほこ》る世界最古の総合大学。SGI会長には、この折、同大学から博士の証《あかし》である「ドクター・リング」が贈られた）

タイトルは、「レオナルドの眼と人類の議会——国連の未来についての考察」（『池田大作全集』第2巻 所収）。幸い、イタリアでも、かなりの評価をいただいたようである。レオナルドは、画家であり、彫刻家であり、また科学者、技術者、哲学者としても、多くの業績を残した。偉大な天才である。彼の有名な言葉がある。

「大なる苦悩なくしては、如何《いか》なる完成せる才能もあり得ない」（カール・ヤスパース『リオナルド・ダ・ヴィンチ』藤田赤二訳、理想社）

要するに、苦しみという〝根〟があってこそ、才能の〝開花〟もあるということであろう。講演のあと、ミラノに移り、私はミラノ城（スフォルチェスコ城）を訪れた。そこで、レオナルドが部屋一面に描《えが》いた天井画と壁画を見た。

樹木の〝根〟の部分まで克明に描写されていた。普通、樹木を描いても、根までは描かない。しかし、レオナルドは、根に着目し、全部、描いていた。忘れられない光景である。

諸君も自身の〝揺《ゆ》るぎない根〟を大切に

育てていただきたい。

レオナルドは、こうも述べている。

「純金は火によって精錬《せいれん》される」「まことの金は試金石に会いて識《し》られる」（『レオナルド・ダ・ヴィンチの手記』杉浦明平訳、岩波文庫）

日蓮大聖人も仰せである。

「石はやけばはい《灰》となる金《こがね》は・やけば真《しん》金《きん》となる」（御書一〇八三ページ）、「賢聖《けんせい》は罵詈《めり》して試みるなるべし」（同九五八ページ）

試練に鍛《きた》えられてこそ、本物ができる。苦難に試されてこそ、真価は明らかになる。

レオナルドの生涯は、無理解や、嫉妬《しっと》の批判の連続であった。これだけの天才であったにもかかわらず、いや、むしろ、天才であったがゆえに批判された。

大聖人の御生涯も、迫害に次ぐ迫害の連続であった。偉大であればあるほど、迫害される——これが世の常である。人間世界の実相である。

しかし、レオナルドは、厳然《げんぜん》として動じない。こう記す。「真理——太陽。嘘——仮面」（杉浦明平訳、前掲書）と。

ウソは仮面である。闇《やみ》のなかで本性を隠そうとする。

しかし、「真理の太陽」のもとでは、隠れるものは何もない。その太陽の火は、あらゆるウソの詭弁家《きべんか》を焼きつくして、真実を白日のもとに明らかにする。

真実は、絶対に隠せない！ 偽《いつわ》りは、必ず打ち破られる！――これがレオナルドの確信であった。

私も同じ信念である。真実ほど、強いものはない。真実に生きぬく人生は、最後に必ず勝つ。また、勝たねばならない。

## 正義の「太陽」と燃えよ！

日本は今、価値観も、哲学も、信念も何もない社会になってしまった。この社会の闇《やみ》を、「真実の太陽」で「正義の太陽」で焼きつくしていかねばならない。

そのためには、諸君自身が、厳然《げんぜん》と輝《かがや》く「太陽」となって、二十一世紀を正しく照らしていくしかない。それ以外に、日本の未来は開けない。

ゆえに、限りない期待をこめて、諸君に、こう申し上げたい。

戦う学生部たれ！

正と邪を、はっきりさせる学生部たれ！

学生部、ここにあり、という旗を立てよ！

〝生命のルネサンス〟の先頭で、さっそうと道を開いていっていただきたい――と。

きょうは、遠方からも各大学のメンバーが参加しておられる。

本当にご苦労さま！

また、お会いしましょう！ お元気で！

第三回学生部幹部会、後継者の集い

# 「師弟不二の凱歌《がいか》」の証《あかし》

一九九八年四月二日　創価大学記念講堂

## 戸田先生の「人生の三つの喜び」

私の師匠である戸田城聖先生は、よく人生の三つの喜びを語っておられた。

その第一は、「最高峰の知性と出会う喜び」であった。

戸田先生は、青春時代、牧口常三郎先生とご一緒に、あのアインシュタイン博士の「相対性理論」の講義を直接、受けたことを、生涯の誇《ほこ》りとされていた。

きょうは、若き諸君とともに、世界的な大科学者のログノフ博士をお迎えした。ログノフ博士は、アインシュタイン博士の「相対性理論」をも超えようと、現代物理学の最先端を切り開いておられる。

博士が建設の指揮をとられた、円周二十一キロにおよぶ巨大な「高エネルギー加速器」は、たいへんに有名である。また博士は、モスクワ大学の不滅《ふめつ》の名総長でもあられた。激動のロシアにあって、厳然《げんぜん》とそびえ立つ科学と教育の偉大なる柱こそ、博士であられる。

諸君、その偉大なる博士に対して、もう一度、万雷の拍手で、歓迎しましょう！

（拍手）

さて、戸田先生の第二の喜びは、「偉大なる師匠を持つ喜び」であった。

戸田先生は、牧口先生という大哲学者から指導を受け、薫陶《くんとう》を受けきったことを、人生の最大の誉《ほま》れとされたのである。

さらに、戸田先生の第三の喜びは何であったか。それは「正義のために勇敢に戦う喜び」であった。

牧口先生とともに、戸田先生は、戦争中、日本のあの国家主義と対決して、二年間、投獄された。〝師匠が大難に遭《あ》った時に、弟子として、お供することができた。これほどの名誉はない〟と戸田先生は、一生涯、心から感謝しておられた。

「あなたの慈悲の広大無辺は、わたしを牢獄まで連れていってくださいました」（『戸田城聖全集』第三巻）と。これが、仏法の精髄《せいずい》であり、創価の真髄《しんずい》である。

反対に、師匠と難をともにするどころ

か、師匠と学会を利用して、自分だけが恩恵を貪《むさぼ》り、大恩を仇《あだ》で返すような最低の人間もいる。本物は「難」を受ける。「難」を受けてこそ本物である。そうでないのは、インチキなのである。

私もまた、この四十年間、いくたの難を、ただ一人受けながら、生死を超えて、精神の大闘争を貫《つらぬ》いてきた。（拍手）

## 〝知性の栄誉〟を恩師にささぐ

ただ今、私は、ロシアの科学の大殿堂である国立「高エネルギー物理研究所」より、栄えある第一号の「名誉博士号」を賜った。この栄誉を、本日、四月の二日、私は「師弟不二の凱歌《がいか》」の証《あかし》として、戸田先生にささげたい。

戸田先生の弟子として、私は戦い、私は勝ったのであります。（拍手）

〈会合の席上、ロシア国立「高エネルギー物理研究所」から池田ＳＧＩ〈創価学会インタナショナル〉会長に対する顕彰が行われた。ログノフ所長〈モスクワ大学前総長〉が出席。同研究所として、世界初の「名誉博士号」が授与された。この授与には、ＳＧＩ会長の高い哲学性を評価しての「哲学・物理学博士」の意義がこめられている）

このあとに続くのは、きょう集った優秀な学生部、そして未来部の諸君である。諸

1975年、池田SGI会長にとって初の「名誉博士号」を贈ったロシア・モスクワ大学が、二つ目の栄誉となる「名誉教授」称号を授章（2002年６月８日）。サドーヴニチィ総長は「純粋に個人で為した功績に対し、わが大学の二つの称号を受けられた方は、池田博士が初めてであり、現在のところ唯一の方であります」と。SGI会長には世界五大州の大学・学術機関から「140」を超す「名誉博士」「名誉教授」等の学術的栄誉が贈られている

君がいるかぎり、未来は何も心配ない。私は信じ、安心している。

いただいた名誉学位の証書には、ロシアの近代科学の父であり、モスクワ大学の創立者であった、ロモノーソフ博士の肖像が刻《きざ》まれている。

博士は、科学の発展や精神の自由を阻む傲慢《ごうまん》な勢力と、生涯、戦いぬいた獅子であった。なかんずく、民衆を蔑視《べっし》し、束縛《そくばく》する、当時の教会勢力には、断固として立ち向かった。迫害にもひるまずに、

坊主たちの腐敗堕落《ふはいだらく》を、痛烈に責めていったのであった。

私どもも、それ以上に徹底して責めていくべきである。悪を責めるのに遠慮や妥協があってはならない。

このモスクワ大学の創立者の唯一の希望は何であったか――それは、若き学生たちであった。

彼は呼びかけた。〝無数のわが分身よ、陸続と躍《おど》りいでよ！　われらの学園、われらの大学から、待ちに待った、人材の大いなる流れを起こしゆくのだ！〟と。

ずるい大人は、信用できない。もはや、青年しか信じられない――戸田先生も、そういう心情であられた。そして若い私を後《あと》継《つ》ぎにされた。私も、今、同じ心境である。諸君の成長こそ、希望である。青年が立つ以外にない。

きょうは、新たな大学会の結成、おめでとう！　ならびに未来部の人材グループの誕生、おめでとう！

また、この会合の模様は、沖縄で研修されている台湾のわが同志にも伝えられる。ようこそ、いらっしゃいました。本当に本当に、ご苦労さま！

私が、初めて名誉博士号を拝受したのは、モスクワ大学からである。そして、本日、同じくロシアの貴研究所の名誉学位を賜《たまわ》り、これで、海外の大学・学術機関からい

ただいた名誉博士号・名誉教授称号は、ちょうど「五十」となった。（＝二〇〇三年八月現在で百四十三）

とくに今回は、哲学・物理学博士の意義をこめていただき、私は格別の感慨《かんがい》を禁じえない。

## 学びに学べ！〝脳力〟は無限

「一切法は皆是《これ》仏法なり」（御書五六三ジペー）である。ゆえに、若き諸君は、あらゆる学問に、生き生きと、粘り強く、取り組んでいっていただきたい。

ログノフ博士は論じておられた。

〝人間の脳には、大脳皮質だけでも、百億以上の神経細胞（ニューロン）がある。しかも、その一つずつに、およそ二千個の連結部分（シナプス）があるとされる。したがって、百億の二千倍ものシナプスがある。ゆえに、脳が織《お》りなすネットワークの組み合わせは、現在、知られている「宇宙の中の物質をつくる粒子《りゅうし》の総数」よりも大きいといってよい〟と。

諸君の若き頭脳には、宇宙大の無限の可能性が広がっているのである。

では、その脳の創造的な力を発揮していくためには、どうすればよいか。ログノフ博士も言われるように、それには「頭脳を絶えず働かせ続けていくこと」、これ以外にない。牧口先生は、獄中でもカントの哲学を精読し、戸田先生も獄中にあって、微分・積分、また数学史などの研鑽に挑んでおられた。

信念の闘争のなかで学び、また学びながら、闘争を貫《つらぬ》いていく。この努力と執念を、諸君には忘れてもらいたくない。これからは諸君の時代なのだから。

また、仏法では、菩薩の一つの働きとして、「観世音《かんぜおん》」――世の音を観ずる――という点をあげている。時代や社会の動向を鋭く見つめ、つかむ。先取りしていく。そういう英知が不可欠である。

戸田先生が逝去される一年ほど前、私は、当時の科学の粋《すい》を集めた国際見本市を視察し、その様子を先生にご報告をした。

科学者でもある先生は、じつに興味深そうに、私の報告を長時間、じっと聞いてくださった。そして一言、「『科学と宗教』についていて、考えていくんだな」と、指導があったのである。

この戸田先生のたった一言を、私は、真剣に思索し、実践してきた。

師匠の一言には千万言の重みがあるからだ。その大いなる結実が、ログノフ博士と発刊した、対談集『科学と宗教』（一九九四年五月、潮出版社刊。『池田大作全集』第7巻所収）なのである。

博士が「量子力学」を語れば、私が「円《えん》

融《ゆう》の三諦論《さんたいろん》」を、また博士が「場の理論」を語れば、私が「空《くう》の概念《がいねん》」を論じるなど、現代物理学の最前線が、仏法の深遠なる哲学と深く共鳴しあっていることも語りあった。

科学と宗教は、決して対立するものではない。なかんずく、仏教と科学は矛盾しない。科学と宗教が、相補《あいおぎな》い、協調しあっていくなかにこそ、人類の幸福と繁栄へ、大いなる価値創造の道が開かれることを、博士と私は確認しあったのである。

二十世紀は、いわば「戦争と平和」の世紀であり、「政治と経済」の世紀であった。来るべき二十一世紀は、「人間と文化」の世紀、そして「科学と宗教」の世紀となっていくであろう。

この新しきヒューマニズムの大道を、諸君は若き「行動する哲学者」として、さっそうと、悠然《ゆうぜん》と、闊歩《かっぽ》していっていただきたい。

## 平和の新世紀へ、友情の並木道を

ご存じのように、ロシアは、第二次世界大戦において、もっとも多大な犠牲をはらった国である。

凶暴なナチスが襲いかかった。その最大の苦難のなか、女性の身で、志願兵として前線の部隊でナチスと戦った、尊き美しき乙女が、ログノフ博士の偉大な伴侶《はんりょ》であられたアンナ夫人である。アンナ夫人は、昨年、亡くなられた。

私と妻は、ご夫人の記念の桜を、牧口庭園に植樹させていただいた。古来、木を植えることは、命を植えることに通ずるからである。

アンナ夫人の桜は今、ふくいくと咲き香っている。

きょうは、ご夫人と同じお名前で、その気高《けだか》い心を受け継いでおられる、お孫さんのアンナさんもお越しくださった。

どうか、未来部の皆さんは、ともに手をとりあって、新世紀のロシアと日本の美しき友情の並木道、人生の並木道を、仲良く楽しく歩んでいっていただきたい。

ログノフ博士と私は、戦争の悲惨さを、本や映画などを通して訴えていく重要性についても語りあった。

戦争体験を決して風化させてはならないからである。

先日（三月十八日）、創価大学の卒業式でご紹介した『人間の翼』（監督・岡本明久、原作・牛島秀彦）という映画を、私も深い感動をもって拝見した。

数え年・二十四歳の若さで特攻隊に散った名投手、石丸進一青年を描《えが》いたドラマである。

戦争は、石丸青年から、大好きな野球を

奪い、青春を奪い、生命を奪った。石丸青年は、戦争への怒りをこめて、最後のキャッチボールをしてから、特攻機に乗りこんでいったのである。

映画は、残された父親が大空を見上げて、「進一が帰ってきた！」と叫ぶシーンで、幕を閉じる。

それは、石丸青年の生命が、「平和への限りない決意」となって、私たちの心に生き続けていく象徴《しょうちょう》であると、私は見たい。

仏法では、生命は永遠であり、生死は不二であると説く。ログノフ博士も、亡くなられたご夫人、そして最優秀であられたご長男の生命を抱きしめて、平和のため、人類の向上のために生きぬいておられる。私の胸にも、戸田先生が、いつも、またつねに、ご一緒である。

かつて、ログノフ博士は、大文豪トルストイの言葉を引いて、凛然《りんぜん》と語られた。

「心のふれあわない、腹黒い人々が、連合軍をつくって行動し、民衆に悪をもたらしているとしたら、世界の平和と善意を望む人が、団結し、力を合わせて、悪に対抗すればよい。なんと簡単で真実なことか！」

このトルストイの言葉のとおり、私たちも立ち上がりましょう！（拍手）

この正義と人道の連帯を、諸君は希望に

燃え、勇気をもって、朗《ほが》らかに毅《き》然《ぜん》と広げていっていただきたい。

## 「仏法は勝負」の「実験証明」を

科学は「実験証明」である。実験して、結果が出るかどうか。

日蓮仏法もまた「現証にはすぎず」（御書一四六八ジペー）――現証に勝るものはない――と説く。

こういう宗教は、ほかにない。

牧口先生、戸田先生も、よく「実験証明」と言われた。

ゆえに、わが学生部の諸君は、一年一年、「〝仏法勝負〟の実験証明」「学問の実験証明」を成し遂げていただきたい。それが後継の証《あかし》となることを忘れないでほしいのである。（拍手）

結びに、偉大なる「高エネルギー物理研究所」のますますのご発展を心からお祈りし、そして、敬愛するログノフ博士ご一家に永遠の幸福あれ！　と申し上げて、私の謝辞とさせていただく。

スパシーバ！（ロシア語で、ありがとうございました）

第四回全国学生部幹部会

# 諸君が勝ち取れ！　正義の凱歌を

一九九八年四月二十九日　創価大学記念講堂

## 偉人に育て！　試練を重ねて

二十一世紀に前進しゆく、わが愛する学生部の諸君に、次の言葉を贈りたい。

アインシュタイン博士の言葉――「人間としての真の偉大さにいたる道は、一つしかない。それは何度もひどい目にあうという試練《しれん》の道である」。この一言である。

わがブラジルは、世界に冠たるサッカー王国である。二十万人を収容できる世界最大のサッカー競技場も、リオにある。しかもそれは、ブラジル最高峰の名門である、わが「リオ州立大学」の隣にある。

一九五〇年（昭和二十五年）、リオ州立大学が創立された年のこと。完成したばかりのこの大サッカー場で、第二次世界大戦後、初めてのワールド・カップ（世界選手権大会）が行われた。優勝候補は、もちろん地元ブラジル。ところが、そのブラジルが決勝戦で、まさかの逆転負けを喫《きっ》してしまう。リオに結集した大観衆は、皆、言葉を失った。しかし、その悔《くや》しき試練を乗り越えて、やがて、史上最強の四回優勝という、ブラジル・サッカーの〝黄金の伝統〟が築かれていったのである。

私の人生の師である戸田城聖先生は、よく、「勝った時に、負ける原因をつくることもある。反対に、負けた時に、勝つ原因をつくることができる」と教えてくださった。「建設は死闘。破壊は一瞬」である。人生、勝つためには、いささかたりとも油断はできない。

「追撃《ついげき》の手をゆるめるな！」とは、戸田先生の永遠不滅《ふめつ》の遺言である。

ブラジルの国土は、日本の二十三倍。自然も、そして人間も、万事にわたって、スケールが大きい。創価教育の創始者であり、独創的な地理学者であった牧口常三郎先生は、一九〇三年、三十二歳で発刊した名著『人生地理学』の中で、いちはやく、ブラジルについて言及されている。

奇《く》しくも、きょう、お越しくださった総長のご子息（総長室長）は、三十二歳の若き地理学者であられる。（拍手）

牧口先生は、ブラジルのような「大平原の国」には、人種や文化を融合《ゆうごう》させ、共生させゆく利点があると、鋭く論じていた。

550年の歴史を誇るイギリスの名門グラスゴー大学が、池田SGI会長に「名誉博士号」を授与。ケアンクロス総長らと中庭を一巡（1994年6月15日）。米ペンシルベニア大学ウォルトンスクールのルイス教授は「名誉博士号は大学が、その『全存在をかけて』世界の文化と教育の交流に多大な貢献を果たした人に贈る栄誉であり、その選考は慎重に、あらゆる角度から厳格に行われる」と

事実、ブラジルは「人種デモクラシー」の最先進国である。

さらに、牧口先生は、博大《はくだい》（博《ひろ》くて大きい）な人物や博大な事業が生まれでるのも、ブラジルのごとき大平原の天地からであると洞察しておられたのである。

このブラジルが誇《ほこ》る「偉大なる人材の揺籃《ようらん》」リオ州立大学より、私は、ただいま栄えある

名誉博士号を授与していただいた（拍手）。

また、まことに意義深き「独立の父」（ジョゼ・ボニファシオ）の功労賞記念メダルも、謹《つつし》んで拝受した。（拍手）

（会合の席上、ブラジルのリオ州立大学から池田SGI〈創価学会インタナショナル〉会長に対する顕彰が行われた。ペレイラ総長夫妻ら一行が出席。SGI会長には、「名誉博士号」ならびにブラジル独立の父を記念する「ジョゼ・ボニファシオ功労賞」が授与された）

公務ご繁多のなか、はるばる来日してくださったペレイラ総長ご夫妻、ならびに、ご子息ご夫妻に、重ねて感謝申し上げたい。（拍手）

ペレイラ総長は百二十七大学からなる「ブラジル大学総長会議」の副議長を務めておられる。また「リオ大学総長会議」の議長でもあられる。

高名な国際法の大学者である総長のもと、リオ州立大学は、図書館や大学病院の充実、文化行事の拡大をはじめ、めざましい大発展を遂げておられる。

また、大学の門戸を広く市民に開いて、六十歳以上の方々を対象とした「第三の人生の公開大学」も開講されている。さらに、庶民のための「法律相談」や「健康相談」などのボランティア活動も、たいへんに有名である。これらは、世界の多くの大学が見習っていくであろう模範である。

総長は、あの「ブラジル文学アカデミー」

の文学賞を受けた作家としても名高い。総長の小説の中に、「だれ人たりとも、身命を惜しまず戦わなければ、祖国を建設することはできない」という力強い一節がある。

総長とご家族は、この精神で、大学のため、民衆のため、国のため、気高《けだか》き建設の人生を戦い続けておられる。

私は、わが学生部の英才の諸君とともに、盛大な拍手をもってご家族を歓迎し、賛嘆したい。（拍手）

## 裏切り・弾圧を越えて――ブラジル自由闘争の執念

さて、総長の故郷である「ミナス・ジェライス州」は、十八世紀のブラジルの大英雄ティラデンテスが生まれた大地である。また、日本の山梨県とも交流を行っている州である。

「ミナス・ジェライス」という州の名前は、〝鉱物のある原野〟という意味であり、金の産地であった。植民地支配の圧政と重税は、この豊かな大地から搾《しぼ》りとるだけ搾りとり、民衆をいじめたい放題にいじめていた。狡猾《こうかつ》な聖職者も加担していた。

その鉄鎖を断ち切って、庶民の顔《かんばせ》に幸福と喜びをあたえたのが、若き学生らとともに立ち上がった獅子――ティラデンテスである。私も、これまで何回となくスピーチしてきた。

いよいよ彼が革命に決起する直前のことである。一人の裏切り者の密告によって、大弾圧が始まってしまった。この裏切り者は、莫大《ばくだい》な自分の借金を帳消しにすることをもくろんで、同志を売ったのである。

最低中の最低の卑劣《ひれつ》な人間である。しかし、こういう人間に皆が踊《おど》らされてしまったのである。

まさしく「裏切りは人間として最大の犯罪」と言われるとおりである。

いつの世も、正義の人がおとしいれられる陰には、こうした、卑劣な構図があることを、学生部の知性の諸君は、冷徹《れいてつ》に見ぬいていっていただきたい。愚《おろ》かではいけない。だまされてはいけない。「真実」を暴き、戦わなければならない。

英雄ティラデンテスと同志は逮捕され、苛酷《かこく》な拷問《ごうもん》を受けた。耐えきれず、脱落者が続出した。

中枢だった十三人の同志たちまで、リーダーの彼だけを見殺しにして、自分たちは生き永らえていったのである。

中心者を見すてて裏切る――日蓮大聖人の時代も、そうであった。

牧口先生、戸田先生の時代も、〝大幹部〟が裏切った。第三代の私も裏切られた。

人間とは、ひどいものである。これが古今に変わらぬ方程式なのである。

ティラデンテスは、ただ一人、正義を堂々と訴えぬいて、ついに死刑を宣告された。「戦える人間がいない！」——英雄ティラデンテスの嘆きは痛切であった。私には、その気持ちがよくわかる。しかし彼は、あとに続く未来の連帯に希望を託したのである。大事なのは青年である。学生である。

近い世代の〝横の連帯〟以上に、私と諸君との〝縦の連帯〟が大切なのである。この大切な青年たちを、先輩は決して、むやみに叱ってはならない。叱る資格はない。

ティラデンテスは、毅然《きぜん》と胸を張って、信念に殉じていった。その遺体は、残虐《ざんぎやく》にも四つに切り裂かれ、見せしめのため故郷にもどされた。

だが、この英雄の悲劇こそが、民衆の魂《たましい》を揺《ゆ》り動かし、覚醒《かくせい》させ、その三十年後に、独立が勝ち取られていったのである。厳たる一人の師を継いで、三十年後に凱歌《がいか》——。

私も今、諸君が必ず正義の凱歌を勝ち取ってくれると信じている。（拍手）

## 貫きとおした人が勝利者に

先ほど、記念のメダルを頂戴した「独立の父」ボニファシオも、悠然《ゆうぜん》と達観《たつかん》していた。すなわち、「われわれに対して、エゴイズムと卑しい貪欲《どんよく》の連中が吠えている。しかし、その凶暴な憎悪《ぞうお》と調子はずれの喚《わめ》き声は、むしろわれわれが、道理に則《のっと》って、真実の人間の大道を勝ち進んでいくための刺激である」というのである。

そのとおりである。焼きもちの声なんかに動かされてはならない。

日蓮仏法では、「にくまば憎《にく》め」（御書一三〇八ジ等）、「いまだこりず候」（同一〇五六ジ）と教える。これこそ、創価の「負けじ魂《だましい》」であると思うが、諸君、どうだろうか！（拍手）

御聖訓《ごせいくん》には、「日蓮は（中略）鎌倉殿の御勘気を二度まで・かほり・すでに頸《くび》となりしかども・ついにをそれずして候へば、今は日本国の人人も道理かと申すへんもあるやらん」（同一一三八ジ）――日蓮は、幕府による処罰（流罪）を二度までこうむり、すでに頸の座にもついたけれども、最後まで恐れずに貫《つらぬ》いたので、今では日本国の人々も「（日蓮の言うことが）道理かもしれない」という人もあるであろう――とある。

断固、「正義の勇気」を！――これを貫きとおした人が勝利者である。そして、断固、「正義の執念」を！――これを貫きとおした人が、最後の勝利者なのである。この「仏法勝負」の精髄《せいずい》を、諸君は、ゆめゆめ忘れてはならない。（拍手）

## 波瀾《はらん》と激戦こそ青年の幸福

このほど、中国の文豪・金庸《きんよう》先生と私との対談集『旭日の世紀を求めて』が発刊された（一九九八年五月、潮出版社）。そのなかで、金庸《きんよう》先生は、トインビー博士の「挑戦」と「応戦」の歴史観への共鳴を語っておられる。

それは、「世界の各文明が存在し、さらに繁栄と発展を持続できるゆえんは、重大なる『挑戦』を受けながらも、それに見事に『応戦』できる能力を備えていることによる」（要旨）という法則である。

一つの文明が、歴史に〝勝ち残れるか、否か〟。それは短兵急《たんぺいきゅう》に見てはならない。長い眼で見ていかなくてはならない。

「人類の幸福」と「世界の平和」をめざしゆく創価学会も、二十一世紀へ生きぬき、勝ちぬいていくために、後継の青年部が、波瀾《はらん》と激戦のなかで、逆境のなかで、今こそ学び、鍛《きた》え、賢《かしこ》く強くなっていく以外にない。その意味で、「激戦」こそが幸せなのである。

本日は、中国の若き芸術の英雄・李自健画伯と、詩人としても著名な丹慧《たんけい》夫人が、ご出席してくださっている。心から、御礼申し上げたい。（拍手）

日本軍による南京大虐殺の歴史を描かれた画伯の作品を拝見した時、私は体が震えるほど感動した。涙が出る思いであった。

結びに、ペレイラ総長の友情に、重ねて感謝して、「ブラジル独立の父」の「友情の譜」の一節を紹介したい。

ああ！　麗《うるわ》しき平和と聖なる自由
これこそ　賢者のみの財宝である！
地上の権力者は　この宝を知らない
なぜなら　この宝（平和や自由）は
友情の中にこそ　深く秘められている
からだ

傲慢《ごうまん》な権力者に、真実の「友情」というものが、わかるはずがない。そして、「友情」がわからないゆえに、平和も、自由も、本当に、わかっていない——というのである。

だからこそ、聡明《そうめい》な民衆による友情の拡大こそが大事なのである。これが平和の拡大となり、自由の拡大となり、ヒューマニズムの拡大となるからだ。学生部の諸君は、この人間としての勝利の金剛《こんごう》の連帯を、スクラムを、日本中へ、世界へ、そして二十一世紀へと、朗《ほが》らかに、誠実に、そして大胆に、広げていっていただきたい。

総長ご夫妻をはじめ、ご臨席のすべての皆さま方の、ますますのご健康とご活躍を心からお祈りし、西暦二〇〇〇年に晴れやかな創立五十周年を飾りゆく、わが愛する「リオ州立大学」の無限の繁栄を念願して、私のスピーチといたします。

ムイト・オブリガード（ポルトガル語で、たいへんにありがとうございました）！

第六回学生部幹部会

# 学生よ怒れ！　社会に声を！

一九九九年四月十七日　東京牧口記念会館

## ビヤレアル博士
## 「道がないなら道を開け！」

学生部幹部会おめでとう！（拍手）

「道がなければ、自ら、道を切り開かん！」――。

これは、貴大学のその名に輝《かがや》く、ペルーの大知性ビヤレアル博士の不滅《ふめつ》の言葉であります。

だれかが開いた道に、何の苦労もせず、安易に、軽薄に、つき従っていく――。これでは、もはや青年とはいえない。愚かである。

希望に燃え、あえて苦難に向かって、自分自身の哲学で、自分自身の情熱で、そして自分自身の戦いで、「いまだかつてない道」を開ききっていく。それが青春です。

自分の人生のデッサンを、みずから描《えが》きながら、わが道を、一歩また一歩、堅実に進んでいく。これこそ、青春の真髄《しんずい》の闘争であります。

貴大学の原点の存在であられる、このビヤレアル博士は、十九世紀から二十世紀への転換期にあって、「科学」に、また「教育」に、独創的な輝《かがや》きを放たれた大数学者であります。

たいへんに貧しい家庭に生まれ育った博士は、十四歳から働きながら、苦学を重ねていかれた。原点は十代です。

また、貧しいなかで苦労してこそ、偉大な人が出る。いちばん底辺で、いちばん汚《きたな》く見える大地から、いちばん美しい花が咲く。偉大な大木が育つ。お金があるのが幸せなのではない。〝若いうちから、おいしいものを食べすぎ、いい暮らしをしすぎている青年は不幸だ〟とは、文豪・吉川英治氏の言葉であります。

それでは、人間ができないし、一歩一歩、勝ち取っていく喜びももてない。

博士は、頭脳も心も体もいじめぬくような苦闘のなかで、「ビヤレアル多項式《たこうしき》」と呼ばれる数学上の発見をしました。あのニュートンを超えると評価する人もいる業績であります。

それは、何歳の時であったか。じつに二十三歳の若さでありました。諸君と、ほぼ同じ年代です。

学生が立ち上がれば、歴史が動く。時代変革の波は、いつの世も、正義に目覚めた学生の熱と力からわき起こる！――「先駆」の使命に燃え、学生部が前進（2003年６月）

諸君も、何か〝発見〟していただきたい。何か〝残して〟いただきたい。華《はな》やかに報道されるような必要はない。地道でいい。自分自身が知っていればいい。

「自分は、これを見つけた！」「自分は、こう歩んだ！」と世界に叫べる〝何か〟を残していただきたい。虚栄《きょえい》でなく、虚飾《きょしょく》でなく。報道は「大本営《だいほんえい》発表」のように、うそだらけの場合がある。自分自身の心は偽《いつわ》れない。

ともあれ、努力また努力で、鍛《きた》え上げられた若き生命が、どれほど偉大な創造性を発揮できるか。いわんや、信仰とは、創造力の源泉であります。

人類は、いずこより来り、いずこへ往かんとするか。「二十一世紀の道」、そして「第三の千年の道」は、いまだ、だれも踏み出してはいない。

その「平和」「文化」「教育」のヒューマニズムの道を、新しき旭日の生命力と英知で、そして、新しき大哲学の連帯で、世界に広げゆく開拓者は、建設者は、いったいだれか。それこそ、わが誉《ほま》れの男女学生部の諸君であると私は宣言しておきたいのであります。(拍手)

本日は、創価大学をはじめ、二百の大学の代表が結集しております。

全員が「若き哲学者」であります。哲学者ならば、うすっぺらな〝有名人〟や〝権力者〟に左右されず、堂々と、「最高の正義の人生」を追求しなければならない。記念の出発、まことにおめでとう!(拍手)

## ペルー移住百年に友情の新しき出発

尊敬するトランコン経済学部長、ならびにベナビデス教授、そしてアルサモラ産業・情報工学部長。私は、ただ今、新世紀を先取りしゆく貴大学より、栄誉ある「名誉博士」の学位記を、最大の誇《ほこ》りをもって拝受《はいじゅ》いたしました。まことに、ありがとうございました。(拍手)

(会合の席上、ペルー国立フェデリコ・ビヤレアル大学から池田ＳＧＩ〈創価学会インタナショナル〉会長に対する顕彰《けんしょう》が行われた。アニカマ総長代理のトランコン経済学部長ら一行が出席し、「名誉博士号」が授与された。これは、世界規模で展開される、平和・文化・教育の行動者としての偉大な足跡をたたえたものである）

この四月は、貴国へ、日本人が移住を開始してより、満百年にあたっております。

この佳節に、ご多忙ななか、遠路はるばると、貴国を代表する良識の先生方をお迎えできたことは、何ものにもかえがたい喜びであります。

さらなる百年へ、貴国との友情の新しき出発の意義をこめて、私たちは、あらためて、先生方に熱烈歓迎の大喝采《だいかっさい》を送らせていただこうではありませんか。（拍手）

なお、来月には、移住百周年の記念式典が、貴国で盛大に開催される予定であります。これには、ペルーの学生部をはじめ、約八百人のＳＧＩの青年たちが、特別出演して、祝賀の演技を披露することになっております。

おめでとうございます！（拍手）

## ビヤレアル大学の信条
## 「不正への抗議は大学の権利」

貴大学は、一九六〇年、「民衆の中に生まれた」大学であります。

この年は、私が、三十二歳の若さで第三代会長に就任し、世界への行動を開始した年でもあります。

貴大学が、「新たなる人間の創造」を理念にかかげ、「学生根本」の尊き学風で、人道主義に貫《つらぬ》かれた人材を、陸続と育成してこられたことは、まことに有名であります。とくに貴大学は、二十一世紀の大学の使命として、「民主主義の擁護《ようご》」「思想の自由と多元性」「世界との交流」「政治、経済との連動」、また「文化の創造と普及」などを、明確に、うたっておられます。すばらしい理念です。

とともに、みずからが住んでいる「地域」の課題に、積極的に取り組むことを強調しておられる。いちばん身近な地域を、足元を大事にせよ、と。

さらに貴大学は、「社会に参加すること、社会に提唱すること、そして、不正に抗議することは、侵《おか》すことのできない大学の権利である」と、高らかに訴えておられるのであります。

大学は、社会から離れた「象牙《ぞうげ》の塔」であってはならない、と。

悪と戦うのは、大学の「権利」である——貴大学のすばらしき指標に、私たちは心から賛同するものであります。(拍手)

大学から、また学生から「地域や社会への、生き生きとした関心や貢献《こうけん》」、そして「邪悪への怒り」が失われてしまえば、その国家は、もはや変革と進歩のダイナミックな力を失い、衰亡《すいぼう》していく以外にない。この姿が、今の日本ではないでしょうか。

貴大学の誇《ほこ》りは、「庶民に根ざした庶民の大学」であることです。

〝社会のいちばん大変な所に飛び込んで、民衆のために活躍する〟ことを誇りとする伝統精神が、みなぎっている。

すべて民衆のために――創価大学、創価学会も同じ精神であります。

また貴大学の卒業生は政財界、教育界、医学界、社会の第一線で大いに活躍しておられる。とくに私が賞讃《しょうさん》したいのは、辺境の地でも、医者や看護婦、教員や技師など、さまざまな立場で貢献《こうけん》しておられるという事実です。

ペルーの辺境で活躍する人々に「出身大学は、どこですか」と聞くと、必ず「ビヤレアル大学出身です！」と誇りをもって答える人がいるといいます。

そういう美しい生き方が、日本には、なくなってしまいました。

## 一人の火種《ひだね》から 勝利の燎原《りょうげん》の火を

今、日本は、残念ながら、衰亡《すいぼう》に向かう段階に入ってしまった。

エリートと呼ばれる人間のなかに、自分

中心で、他人はどうなってもかまわない――そんな悪い人間も少なくない。それでは、何のための教育だったのか。そんな利己主義の人間が偉くなって、いったい、どんな社会ができるというのか。多くの識者は憂慮《ゆうりょ》しております。

国際政治学の著名な権威である中西輝政教授（京都大学）も、壮大な文明論の次元から、日本の衰亡と再生を、鋭く洞察《どうさつ》しておられます。

最近の著作（『なぜ国家は衰亡するのか』PHP研究所）の中で、中西教授は、トインビー博士の歴史哲学を引いておられる。

〝たとえ、ある文明が地上から消えてしまうような事態が生じたとしても、「種子」が残されていれば、その文明は必ず復活する。外来の勢力が蹂躙《じゅうりん》するなどしても、その「文明の根本」が消滅しない限り、たった一人の人間からでも、文明はふたたび勃興《ぼっこう》する〟

私も賛同いたします。

大事なのは、「一人」です。「一人の人間革命」です。

ゆえに、一人、本物の革命児の心に、不屈の〝火種《ひだね》〟が燃えていれば、そこから、勝利の炎《ほのお》は燎原《りょうげん》の火のごとく広がっていくものであります。

なお中西教授は、私のハーバード大学での第一回の講演「ソフト・パワーの時代と哲学」にも、いちはやく、過分な評価を寄せてくださったお一人であります。

八年前、私が論じた、この「ソフト・パワー」は、(電通総研によって)今年のキーワードにも選ばれた。

時代を先取りしなければならない。かつてクーデンホーフ＝カレルギー伯と語り合った「ヨーロッパ統合」も、その方向に進んでいる。

一昨日(四月十五日)も、私は、ナイジェリアのオバサンジョ次期大統領に、「アフリカ合衆国」や「第二の国連」などのビジョンを申し上げげた。興味深く、うなずいておられました。

世界は時々刻々と変化しております。時代を鋭敏《えいびん》にとらえ、リードする青年のみずみずしい着想、行動力が、ますます重要になっている。ゆえに、諸君が大事なのです。「宝の中の宝」なのであります。

## 厳しき地域こそ大発展できる

トインビー博士といえば、約十日間にわたって対談したことも懐《なつ》かしい。

博士は「ぜひ池田会長とお会いしたい」と。しかし、お体のぐあいから来日できず、私がイギリスにうかがいました。

対談は毎日、朝十時ごろから夕方の五時ごろまで。午後のティータイムには、博士の夫人がお菓子をもってきてくださった。博士夫人も、妻も静かに同席していた。

ともあれ諸君も、博士の著作のような〝よき書物〟をひもといていただきたい。悪書を読むことは、自分が損をするだけである。

トインビー博士は一九六五年、ペルーを訪問し、その美しさを「この世のものと思えなかった」(『トインビー著作集7』長谷川松治訳、社会思想社)と最大の讃辞《さんじ》をもって称《たた》えておられます。

私も訪問し、すばらしい国であると感じました。自然といい、人間の心といい、ほっとする。

さて、博士の透徹《とうてつ》した眼《まなこ》は、〝いにしえのアンデス世界の中心地が、どこに形成されてきたか〟に光を当てておられる。

すなわち、アンデス世界の中核は、太平洋沿岸地方のオアシスの間ではなかった。むしろ、周囲の恐るべき敵からの外的圧力にさらされた、辺境の困難な地域にこそ、より偉大な建設があった。それは、なぜか? トインビー博士の答えは、明快であります。明快に——ここが大事である。何ごとも明快に語ってきたから創価学会は勝った。

日蓮大聖人も、八万法蔵《ほうぞう》といわれる釈尊の膨大《ぼうだい》な教えを、ただ一句、題目の七字に凝縮して、わかりやすく、明快にされた。

トインビー博士は論じる。厳しい圧迫と絶え間なく戦い、「応戦」している地域にこそ、一大偉業を成し遂げるための「活力」が呼び起こされるからだ、と。

要するに、試練《しれん》に立ち向かい、敵に競り勝っていくなかに、成長がある。発展がある。勝利がある。創造がある。これが、「文明」の定理であり、「人生」の方程式であります。

恵まれた、甘えた環境は、幻《まぼろし》のようなものです。陽炎《かげろう》のように消えて、何も残らない。何の戦いもない人間は、人間の証《あかし》を残せない。

仏法でも、「味方よりも、強敵《ごうてき》こそが、人間を立派に鍛《きた》え上げる」と説く。

試練と戦っている団体が伸びる。勝利する。戦いがなくなれば、緊張感もなくなり、堕落《だらく》してしまう。創価学会も、仏敵と戦っているから強い。敵がなくなれば衰亡《すいぼう》してしまう。

ゆえに、わが敬愛する学生部諸君もまた、現実社会にあって、「さあ、何でも来い！」と、打って出ていく〝勇気ある青春〟を送っていただきたい。（拍手）

またトインビー史観は、「逆境に打ちのめされた時に、それに負けずに立ち上がる人間」、また「敗北によって奮起し、前よりもいっそう重大な決意で、ふたたび活動を始める集団」に、一つの焦点《しょうてん》を定めています。そこに本物がある、と。

長い人生の戦い。当然、思いもよらぬ艱《かん》

難《なん》に直面することもある。しかし、「仏法は勝負」である。日蓮仏法は、勝たねばならない。

何があろうと、負けない人間、あきらめない人間、その人が最後に勝つ。

弱い人間は、敗北する。敗北者は、みじめである。どんな言いわけをしても、みじめである。

強い人間は、何があっても楽しい。敗れない。崩《くず》れない。

あくせくする必要はない。どっしりと構えて、時を待ち、時を創《つく》るべきである。忍耐と勇気と智慧《ちえ》を忘れてはならない。

一人も残らず、「最後に勝つ」皆さんであっていただきたい。「永遠不滅《ふめつ》の創価学会」を担《にな》っていただきたい。(拍手)

ところで、きょうはお見えになっておりませんが、貴大学のロドリゲス教授は、この十五年間、トインビー博士と私の対談集を、授業の教材として用いてくださってきたと、うかがいました。この席をお借りして、心より、感謝と敬意を申し上げるものであります。(拍手)

## 国民が愚《おろ》かだと独裁政治に

さて、一八二一年、ペルーの解放を達成した大英雄サンマルチン将軍が、すぐさま「国民図書館」を創立し、みずからの貴重な蔵書を寄贈したことは、有名な史実であります。

教育こそ力です。「独立をささえていくためには、軍隊よりも、精神の啓蒙《けいもう》の方が、はるかに強い」。これが、彼の揺《ゆ》るぎない確信でありました。

「精神」の力は、私どもの団結は、いかなる権力よりも、財力よりも、強いのであります。

民衆の無知は、恐るべき独裁や専制支配を招いてしまう。

そのことを、人間指導者たる彼は危惧《きぐ》しておりました。

日本も国家主義の道に入ってきていると、心ある人は警告しております。悪を悪と鋭く見ぬかなければいけない。

ゆえに、ともかく、民衆を賢《かしこ》く、聡明《そうめい》にしていく「教育」に、全力をそそいでいくことです。

「宗教」もまた、同じであります。「教育」という普遍性の次元へ開いていかない宗教は、どうしても独善《どくぜん》となってしまう。その意味からも、学生部の諸君の活躍が不可欠であることを知っていただきたい。

## 「嫉妬《しっと》深い人間は、結局わが身を滅ぼす」

かつて、ペルーにおいても、二百五十年間にわたって、残酷《ざんこく》をきわめる宗教裁判の歴史が残されております。

私も、首都リマで、この宗教裁判所の跡をとどめる博物館を見学しました。

その無残さ――私は戦慄《せんりつ》しました。犠牲者は、じつに五十万人とも推定されております。

宗教の名のもとに。聖職者の仮面をつけた邪悪な人間のために――。

狂った聖職者の嫉妬《しっと》が、どれほど恐ろしいか。

創価学会への迫害も、すべては、発展への嫉妬であります。私たちは、身にしみて、深く知っていますし、また知らねばならない。

すでに、十五世紀のインカ文明には、次のような箴言《しんげん》が残されております。

「嫉妬とは、嫉妬するその人自身の身を、内から少しずつ蝕《むしば》み腐らせていくものである」「嫉妬深い人間は、結局、自分自身の身を滅ぼす」と。

創価学会のうるわしき「民衆の連帯」を、嫉妬から破壊しようとした連中の末路も、このとおりであります。

ペルーの勇壮な国歌の一節には、こうあります。

「首都リマは荘厳《そうごん》な誓いを守る！　長きにわたって我々を弾圧しようとした、この暴君も今は無力となった。

我々は、厳しく怒りをもって暴君を追い出そう！」と。

追撃《ついげき》の手をゆるめてはならない。油断があってはならない。悪の根を、徹底して断ち切っていくという「正義の執念」を忘れてはならない。

## 「わが青春を見よ！」と歴史を残せ

貴大学の紋章《もんしょう》には、すばらしい名言が刻まれております。

「私の言葉は、人類を育《はぐく》む」

教育の力で、われらの大学から発信しゆく「言論の力」「文化の力」で、人類をさらに強く、さらに知性的に、向上させていこう！

そして人類をより広く、より深く結び合い、連合させていこう！

——なんと高邁《こうまい》な、すばらしいモットーでありましょうか。

仏法では、「声、仏事（仏の仕事）を為《な》す」と説きます。

どうか諸君は、一人、また一人の友を、隣人を、確信ある「声の息吹」で揺《ゆ》り動かしていく人生であっていただきたい。これこそ青春であり、信心であり、すばらしき人生の生きがいであります。

若い今こそ、言論戦をやりきることです。弘教《ぐきょう》をやりきることです。それが必ず、生涯の宝となる。

そして、社会の「悪の結合」を打ち破る

「善の結合」を！

社会の「エゴの拡大」を浄化しゆく「正義の拡大」「幸福の拡大」を！

その方向へと厳然《げんぜん》とリードしていくのは諸君であります。

そして、二十一世紀の舞台へ、朗《ほが》らかに、天高く、「われらは勝った！」と諸君の勝《かち》鬨《どき》を響かせていただきたい。（拍手）

二十五年前（一九七四年）の三月、緑美しき首都リマを私は訪問させていただきました。

その折、光栄にも、民間人として初めて「特別名誉市民」の称号を賜《たまわ》りました。

私は芳名録《ほうめいろく》に記しました。

「私は今日より、リマのために働く！

私は今日より、その責任をもった。

そして私は、誰よりもペルーとリマのますますの発展と興隆《こうりゅう》を祈る人生でありたい！」と。

この決意と行動は、今も、いささかも変わってはおりません。

本日よりは、さらに、愛する「わが母校」たる貴大学の無限のご繁栄を、一生涯、祈り続けていくことを、ここに謹《つつし》んでお約束し、私の感謝のスピーチとさせていただきます。

ムーチャス・グラシアス！（スペイン語で「たいへんに、ありがとうございました」）

# 第四章

# 「随筆　新・人間革命」

〝日中提言〟30周年

# 信義と友情で築いた「金の橋」

一九九八年九月二日

「戦争」の世紀を、「平和」の世紀へ——それが、わが創価学会の願望であり、誓いである。それゆえに、戸田先生は、一九五七年（昭和三十二年）九月八日、「原水爆禁止宣言」を発表された。

その十一年後（一九六八年）の同じ日、私もまた、第十一回学生部総会で、平和への道を開くために、日中国交正常化を提言した。以来、今年で三十星霜の節を刻《きざ》んだ。

中国は隣国であり、仏教の伝来をはじめ、さまざまな文化の恩恵を受けてきた大恩ある国である。東洋の民衆の幸福を悲願とされていた戸田先生は、世界平和を構想されながら、よく、こう語っておられた。

「中国が、これからの世界史に重要な役割を果たすだろう。日本と中国の友好が、最も大事になる」と。

私は、先生亡きあと、その遺志《いし》を受け継ぎ、中国と日本の間に、友好の「金の橋」を架けねばならないと決意してきた。

しかし、東西冷戦の時代であり、日本政府はアメリカとともに、中国への敵視政策をとってきた。また、中国は国連への加盟も認められず、国内には、文化大革命の嵐が吹き荒れていたこともあり、国際的にも孤立状態に追い込まれていた。

当時、国交の正常化という、日中の進むべき当然の道を語れば、〝左寄り〟とされ、あらゆる非難や危険を覚悟しなければならなかった。

一九六〇年（昭和三十五年）には、日中の友好関係の復元に努めた、社会党の委員長の浅沼稲次郎氏が凶刃《きょうじん》に倒れている。

だが、そのなかでも、日中国交回復のために、挺身《ていしん》されている方はいた。その一人が、実業家で、かつて通産大臣を務められた、高碕達之助氏であった。

氏は、一九六〇年代初め、中国で周恩来総理と会見された折、「小さな勢力かもしれないが、民衆に受け入れられている団体がある。それが創価学会です」と、紹介してくださったという。信濃町の近くに住んでおられた氏は、逝去の半年前、学会本部の落成（一九六三年九月）を祝い、富士の絵をお届けくださった。

氏の言葉には、日中復交への熱願と、私への期待が痛いほど感じられた。後事を受け継ぐ思いで、交《か》わした握手の温《ぬく》もりが忘れられない。

イデオロギーによって、人間が分断されては、絶対にならない。平和は、人間の交流から始まる。相互不信、憎悪《ぞうお》の壁を砕くために、誰かが叫ばなければならない。誰かが立ち上がらなければならない。

私は、仏法者としての信念のうえから、あえて提言に踏み切る決意をした。命を賭《と》しても、新しき世論を形成し、新しき時流をつくろうと。

また、学生部の諸君が、私に続いて、友誼《ゆうぎ》の大道を走りゆくことを信じて。

提言の波紋は大きかった。脅迫《きょうはく》の電話や手紙もあった。

街宣車による〝攻撃〟も絶え間なく続いた。

「宗教団体の指導者が、なぜ〝赤いネクタイ〟をするのか」と揶揄《やゆ》もされた。

〝池田会長の発言は、政府の外交の障害になる〟と、批判されもした。

それは、もとより覚悟のうえであった。審判を下すのは、後世の歴史である。

私の提言に、日本の未来を憂える、心ある方々は、讃辞《さんじ》を惜しまなかった。

日中関係の改善に心血を注がれた政治家の松村謙三氏は、八十七歳の高齢にもかかわらず、私を訪ねてくださり、こう言われた。

「一緒に、中国に行ってくれませんか。私は、今度の訪中が年齢的にも、最後になるだろう。今後の日中国交回復を託す人として、周総理に紹介したい。日本のために……」

残念ながら、ご一緒することはできなかったが、日中友好の懸け橋を築くために、私はあらゆる努力を払った。時代は動き始めた。

一九七二年（昭和四十七年）には日中共同声明が発表され、国交を回復。七八年（同五十三年）に平和友好条約が結ばれるのである。

私の第一次訪中は、七四年（同四十九年）五月。第二次訪中の折には、療養中の周総理ともお会いした。

これまでに、訪中は十回を超え、青年部をはじめ、多くの同志が、後に続いてくださった。今や、私どもが架けた、日中の友好の橋は、世々代々にわたる堅固なる「金の橋」となった。

――「勇気」をもて、「信義」に生きよ。そして、どこまでも「友情」の道を貫け。創価の人間主義運動とは、地域に、世界に、人間の心と心を結ぶ架橋《かきょう》作業なのだ。

炭労事件と学生部結成

# 民衆を守れ！ 民衆とともに戦え！

一九九九年六月三十日

「この上とも頑張れ、わが兄弟、わが姉妹よ！
投げだしてはならない――『自由』はどんなことがあっても、護《も》りたててゆかねばならぬ、一度や二度の失敗で、また幾度失敗しようと、逼塞《ひっそく》してしまうなどとは何ごとか、また、民衆の冷淡、忘恩《ぼうおん》、あるいはまた裏切りなどのために、あるいは権力や軍隊、大砲や刑法などのおどかしで蟄伏《ちっぷく》させられるとは何ごとか」（『ホイットマン詩集』長沼重隆訳、白鳳社）

この一節から始まるホイットマンの詩が、私は大好きだ。

一九五七年（昭和三十二年）の六月のことである。事件は、炭鉱の街・北海道夕張で起こった。

前年の七月に行われた参議院議員選挙で、夕張炭鉱の学会員が、学会推薦の候補者を推したところから、炭労（炭鉱労働組合）は、「統制《とうせい》を乱した」として、学会員の締め出しを図り、公式にも〝対決〟を決議したのだ。いわゆる「夕張炭労事件」である。

当時、炭労といえば、「泣く子と炭労には勝てない」といわれるほど、組合員に対しては、絶大な権力を誇《ほこ》っていた。それまでにも、何人もの同志が、事務所に呼び出され、「信心をやめなければ、組合をやめてもらう」と、迫られた。組合を除名になることは、そのまま、失職を意味していた。学会員というだけで、村八分《むらはちぶ》同然の仕打ちを受けた。親ばかりでなく、子どもまでもが除《の》け者にされた。悪質なビラが、電柱や家の壁に張られた。有線放送でも、非難・中傷が流された。労働者の権利を守る組合が、「信教の自由」を侵し、人権を踏《ふ》み躙《にじ》るという、転倒であり、卑劣《ひれつ》なる暴挙《ぼうきょ》であった。

私たちは、激怒した。そして、決然と立ち上がった。

〝愛する同志を、断固として守ろう！　断じて勝ってみせる！〟と。

六月二十八日、若き獅子は、北海道に飛んだ。わが師・戸田先生の逝去の九カ月前である。先生のお体の衰弱《すいじゃく》は、既に甚《はなは》だしく、私は、師に代わって、いっさいの学会の責任を担う〝船長〟の立場にいた。そして、庶民の人権闘争の先頭に立っていた。

既成の権力が、非道な弾圧を仕掛けるなら、われらは正義の旗のもとに立ち上がる！

不屈の勇気を燃え上がらせる！

私は、信仰に励《はげ》む健気《けなげ》な庶民の家々を駆け巡り、訴え抜いた。

「同志よ、共に戦おう！」

「絶対に、負けてはならぬ！」


その渦中の六月三十日、東京・麻布公会堂で、学生部の結成大会が、行われた。

私は、この朝、若き学生たちの喜びと誓いの顔を思い浮かべながら、長文の電報を打った。――新しき世紀を担《にな》う秀才の集いたる学生部結成大会、おめでとう。戸田先生のもとに、勇んで巣立ちゆけ。

戸田会長は、生前最後に実を結んだ学生部の誕生を、「ただ嬉《うれ》しい」と心から喜ばれた。

「この中から半分は重役に、半分は博士に」と、学生部員の輝《かがや》く未来に期待された。

先生は、民衆のために戦い、民衆を守り抜く、慈悲と英知の新時代の大指導者を心から待ち望んでおられた。「指導者革命」であり、「エリート革命」である。そこにこそ、学生部の永遠不変の使命がある。

ところが、自己の栄誉《えいよ》栄達《えいたつ》に狂って、民衆を踏みつけ、民衆を見下す、「才能ある畜生」

のいかに多きことか。一時の享楽《きょうらく》を求め、遊興《ゆうきょう》にふけり、二度と来らざる人生の建設の時代を無にする青年のいかに多いことか。

邪悪《じゃあく》と戦わずして、なんの知性か！　民衆を守らずして、なんの学問か！　自らを鍛《きた》えずして、なんの青春か！

「キューバの使徒」ホセ・マルティは言った。

「人間の能力は、それを引き出し、伸ばしてくれる民衆のためにある。民衆に奉仕するために、自分の力を使わなければ、それは無価値であり、恥ずべきものである」

私は、学生部諸君が後に続くことを信じ、臨時の大会が行われた北の天地で、炭労への抗議の矢を放ち、決然として宣言した。

「わが学会は、日本の潮《うしお》であり、その叫びは、獅子王の叫びである！」と。

やがて炭労側は、学会員を排除《はいじょ》しようとする闘争方針を改めていくことになる。民衆の真実の団結と雄叫びが、傲慢《ごうまん》な弾圧攻勢を打ち破ったのである。

御聖訓《ごせいくん》には、「始めは事なきやうにて終《つい》にほろびざるは候《そうら》はず」（御書一一九〇ジペー）と。

それがわれらの確信であり、厳然《げんぜん》たる仏法の法理である。

強大な力をもった炭労も、やがて衰《おとろ》え、時代の表舞台から去っていった。

大阪府警から、私に出頭の要請が来たのは、この北海道の激戦のさなかであった。四月に行われた参院大阪地方区の補欠選挙で、一部の会員のなかから選挙違反の容疑者が出たことから、支援活動の最高責任者であった私に、出頭せよというのである。そこには、創価学会という新しき民衆運動の波を恐れ、打ち砕こうと動き始めた、国家権力のどす黒い意図があったことはいうまでもない。学生部は、この波乱の大海に船出し、新時代の開幕を告げる暁鐘《ぎょうしょう》を打ち鳴らしていったのだ。

「願《ねが》わくは我が弟子等は師子王の子となりて群狐《ぐんこ》に笑わるる事なかれ」（御書一五八九ジペー）とは、蓮祖の厳父《げんぷ》の仰せである。

われらは、背信の輩が勝ち誇《ほこ》るような時代を、断固、変えねばならぬ。無名の庶民の真の英雄たちが、人生の勝利の讃歌を、高らかに謳《うた》い上げていける時代をつくらねばならぬ。そのためには、何ものにも、臆せず、動ぜず、忍耐強く、断じて戦い抜くことだ！

七月三日の朝、私は飛行機で北海道を発ち、自ら出頭するために、大阪に向かった。そして、無実の罪で獄につながれることになる。「大阪事件」であった。

師子の誉《ほま》れ「7・3」

# 大難の嵐に翻《ひるがえ》れ　広宣の旗！

一九九九年七月三日

遠大なる人類の目的のために、仏法はある。

何ゆえか満たされぬ生命を、悔《く》いなき、満足しきった完成に向かって昇華《しょうか》させゆくために、信仰はある。それゆえに、私たちは、長く、あまりにも長く、広宣流布のために、戦わねばならない。

一歩も後退できない。

悲痛の人生の運命を変えゆくために！

時代の闇《やみ》を破り、天晴れたる七月三日！

一九四五年（昭和二十年）のその日は、戦時中、軍部政府の弾圧と戦った、戸田城聖先生が出獄され、広宣流布に一人立たれた日である。

それから十二年後（一九五七年＝昭和三十二年）の、同じ七月三日、私も〝師子〟として、誉《ほま》れある法難に連なったのである。

千歳空港から大阪に向けて飛び立った私は、途中、乗り継ぎのために、羽田空港に降りた。空港の待合室には、戸田先生が待っておられた。大阪府警に出頭する私のために、衰弱《すいじゃく》した体で、わざわざ空港までおいでくださったのである。

戦時下の獄中闘争で、牢獄がどのような場所か、知悉《ちしつ》されていた先生は、病弱な私の体を心配された。私の肩に伸びた先生の手に、力がこもった。

「死んではならんぞ。大作、もしも、もしも、お前が死ぬようなことになったら、私もすぐに駆けつけて、お前の上にうつぶして一緒に死ぬからな」

深く、尊き師の慈愛《じあい》に、私は高鳴る心臓の鼓動を抑えることができなかった。

夕刻、私は自ら、真実と虚偽《きょぎ》とを明確にするために、決意の極まる心をもって、大阪府警に出頭した。

そして、午後七時、待ち受けていたかのように、逮捕、投獄されたのである。戸田先生の出獄と、ほぼ同日同時刻であった。妙法とは、なんと不思議なる法則か。悲嘆の心は、豁然《かつぜん》と開かれ、喜悦《きえつ》へと変わった。

時に、私は二十九歳——。

私の逮捕は、全くの冤罪《えんざい》であった。参院大阪地方区の補欠選挙（一九五七年四月）で、最高責任者の私が、買収等の選挙違反を指示したという容疑である。

熱心さのあまり、戸別訪問をしてしまい、逮捕された会員がいたことに、私は胸を痛めていたが、買収など、私とは全く関係のないことであった。

だが、新聞各紙には「池田渉外部長を逮捕」の見出しが躍《おど》り、「創価学会の〝電撃作戦〟といわれる選挙違反に重要な役割を果していた疑い」などと、盛んに書き立てられた。

当時、マスコミは、当局の意向をそのまま反映し、選挙違反は、学会の組織的犯行であり、学会は、反社会的団体であるかのようなイメージを流していったのである。

勾留中《こうりゅうちゅう》、関西の友には、特に、多大なご心配をおかけした。一目、私に会いたいと、炎天下に、何時間も立っていた方々もおられたと伺った。

申し訳ない限りである。

当局は、逮捕した会員たちを脅《おど》し上げ、選挙違反は、ことごとく、私の指示であったとする虚偽《きよぎ》の供述をさせ、罪を捏造《ねつぞう》していった。

私への取り調べは、過酷《かこく》を極めた。

夕食も抜きで、深夜まで責め立てられたこともあった。手錠をかけられたまま、屋外に連れ出され、さらしもののようにされたこともあった。

獄中で、私は御書を拝した。本も読んだ。ユゴーは、私に、「戦え！　負けるな！」と、励《はげ》ましと勇気を送ってくれた。そのユゴーは亡命十九年。インドのネルーも投獄九回、獄窓《ごくそう》約九年に及んでいる。

いわんや、大聖人を思え！　牧口先生を思え！　戸田先生を思え！

私は、断じて屈《くっ》しなかった。創価の誇《ほこ》りがあった。

すると検事は、遂に、罪を認めなければ、学会本部を手入れし、戸田会長を逮捕すると、言い出した。脅迫《きょうはく》にも等しい言辞である。

私はよい。いかなる迫害にも耐える。しかし、先生のお体は衰弱《すいじゃく》の極みにある。再度の投獄ともなれば、死にも、つながりかねなかった。

私の苦悩が始まった。

身に覚えのない罪など、認められるはずはない。だが、わが師まで冤罪《えんざい》で逮捕され、まして獄死《ごくし》するような事態は、絶対に避《さ》けなければならない。

〃権力の魔性《ましょう》〃の陰険《いんけん》さ、恐ろしさを肌身で感じつつ、眠れぬ夜を過ごした。

そして、決断した。

〃ひとたびは、罪を認めるしかない。そして、裁判の場で、必ず、無実を証明して、正義を満天下に示すことが賢明《けんめい》かもしれない〃と。

その日から私の、まことの人権闘争が、「正義は必ず勝つ」との大逆転のドラマが開始されるのだ。

戸田先生は、七月の十二日には、蔵前の旧国技館で東京大会を開かれ、私の即時釈放を要求された。

また、足もともおぼつかぬ憔悴《しょうすい》したお体で、手摺《てすり》にしがみつくようにして階段を上り、大阪地検にも抗議に行かれた。後にその話を聞き、師のありがたさに、私は涙した。

広宣流布とは〃権力の魔性〃との壮絶なる闘争である。メロドラマのような、その場限りの、浅はかな感傷の世界では断じてない。

大聖人は、大難の嵐のなか、「本《もと》より存知《ぞんち》の上」（御書九五一ジ《ペー》）と、厳然《げんぜん》と仰せられた。
私は、恩師・戸田先生の弟子である。もとより「革命は死なり」と覚悟してきた。広宣流布とは、殉難《じゅんなん》を恐れぬ創価の勇者によってのみ、成就される聖業といえるのだ。

青年よ、民衆の勝利のために〝師子〟となって立ち上がれ！
そして、友のために走れ！
何ものも恐れるな！
出《いで》よ！ 幾万、幾十万のわが門下たちよ！

時代のすべては、やがて移り変わる。
花が乱れ咲く時もあろう。
悪魔たちが正義を葬《ほうむ》り去ろうとする狂気の時代《とき》もあろう。
しかし、黄金の道をつくれ！
歩め！ 極善《ごくぜん》の一歩を踏み出すのだ！
創価の宝である、師弟不二なる若き弟子たちよ！

## 「7・17」の誓い

# 「正義は必ず勝つ」を断じて証明

一九九九年七月十四日

ギリシャの哲人プラトンの、有名な『ソクラテスの弁明《べんめい》』のなかに、師・ソクラテスの言葉が記されている。

「もしわたしが、罪を着せられるとすれば、（中略）多くの人たちの中傷と嫉妬《しっと》が、そうするのです。まさにそれこそが、他にも多くのすぐれた善き人たちを罪に陥《おと》したものなのでして、これからもまた罪を負わせることになるでしょう」（『プラトン全集1』田中美知太郎訳、岩波書店）

いうまでもなく、ソクラテスは、当時の権力者たちによって、罪なき身でありながら、罪人にされ、独房に入れられ、死刑になった。

よく戸田先生も、「歴史上、嫉妬・中傷する人間が、いかに多くの『正義の人』を苦しめてきたことか。これが現実だ」と厳しく指摘しておられた。

大聖人も、御自身の流罪・死罪の大難は、悪人の「讒言《ざんげん》」によるものであると仰せである。〈「讒言を企《くわだ》てて余が口を塞《ふさ》がんとはげみしなり」（御書三四八ジペー）、「国主も讒言を収《いれ》て流罪し頸《くび》にも及ばんずらん」（同三五六ジペー）等〉

つまり、大聖人をただ陥《おとしい》れるために、嫉妬《しっと》によってデッチ上げられた罪であり、あまりにもむごい刑であった。

皆様方もご存じの通り、私が大阪府警に出頭し、選挙違反の容疑で逮捕されたのは、一九五七年（昭和三十二年）の「七月三日」であり、出獄したのが「七月十七日」である。

特に、十七日のその日は、大阪拘置所《こうちしょ》の独房にいた私の耳にも、朝から、わが同志である音楽隊の勇壮なる学会歌の調べが聞こえた。

正午過ぎ、私は釈放された。

拘置所の鉄の扉の前には、数百人もの同志が、私を待っていてくれた。

私が外に出ると、拍手がわき起こった。照りつける夏の太陽がまぶしかった。

「ありがとう！　ご心配をおかけしました。私は、このように元気です！」

すると、誰からともなく、「万歳！」の声があがり、やがて皆の喜びの唱和となった。

私の投獄を、わがことのように心配し、悲しみ、憤《いきどお》った、関西の同志たち。私は、その真心への感謝を、絶対に一生涯忘れることはないだろう。

この日の夕刻には、堂島川《どうじまがわ》を挟《はさ》んで、大阪地検のある建物の対岸に建つ、中之島《なかのしま》の中央公会堂で、大阪大会が行われることになっていた。

大阪府警、並びに大阪地検への抗議集会である。

私は、東京から来られる戸田先生を、お迎えするため、直《ただ》ちに空港に向かった。七月三日以来、二週間ぶりにお会いした先生は、さらに憔悴《しょうすい》しておられ、胸を突かれた。しかし、先生は、にっこりとして言われた。

「戦いはこれからだよ。御本尊様は、すべてわかっていらっしゃる。勝負は裁判だ。裁判長は必ずわかるはずだ」

未来を予見されたかのような、確信に満ち満ちた言葉であった。

一方、この日の夕刊は、小さな記事で、大阪地検が私を「処分未定のまま釈放した」とし、「同地検では起訴はまぬがれないとみている」と伝えていた。

赤煉瓦《あかれんが》と青銅《せいどう》屋根の、堂々たる中之島の公会堂では、大阪大会が始まろうとしていた。

「罪もない池田室長を、牢獄《ろうごく》につないだ権力が憎い！」

「絶対に許さない！」

会場は、義憤《ぎふん》に燃えた同志で埋まり、場外にも一万数千人があふれた。

皆、私とともに立ち、ともに泣き、ともに笑い、生涯、私とともに戦い抜こうと決意された真実の同志である。

午後六時開会。しばらくすると、晴れていた空が一転、黒雲に覆《おお》われ、豪雨となった。稲妻が走り、雷鳴が轟《とどろ》いた。横暴なる権力への、諸天の怒りだ！――と、誰もが自然のうちに感じとっていた。

会場周辺にいた警察官は、いちはやく退避《たいひ》し、雨をしのいでいたが、同志は、ずぶ濡れになりながら、スピーカーから流れる声に耳を傾けていた。

場内は熱気に包まれていた。壇上にあって私は、お痩《や》せになられた先生の背中を見つめつつ、早くまたお元気になっていただきたいと、ただただ心で祈った。

登壇した私は、短く訴えた。

「最後は、信心しきったものが、大御本尊様を受持しきったものが、また、正しい仏法が、必ず勝つという信念で戦いましょう！」

じつは、出所したばかりでもあり、戸田先生が〝挨拶は、簡単に一言だけにした方がいい〟と囁《ささや》いてくださったのだ。

「戦いは、負けてはならない。絶対に、負けてはならない！」

この日から、それが関西の合言葉となり、今日まで伝統となってきたことは、知る人ぞ知るである。そして、この「七月十七日」を〝不敗の原点〟の日として、関西は、誉《ほま》れ高き「常勝関西」へと、断固として生まれ変わった。

大阪事件の裁判は四年半の長きにわたり、公判は八十四回を数えることになる。弁護士たちは、私に言った。

「無実であっても、検察の主張を覆《くつがえ》すことはできない。有罪は覚悟してほしい」

孤軍奮闘の法廷闘争である。

その間に、わが父であり、師である戸田先生は逝去。そして、私は第三代会長に就任していた。もし、私が有罪になれば、宗教法人法の規定によって、代表役員である会長職を辞任しなくてはならない。ともあれ、学会員の動揺は大きくなるばかりであろう。

私は、戸田先生の、「裁判長は必ずわかる」とのお言葉を信じきって、法廷での戦いを行ってきた。そして、逮捕から約千六百七十日後の、一九六二年（昭和三十七年）一月二十五日、裁判所は判決を下した。

「池田大作、無罪！」

遂に、冤罪《えんざい》は晴れた。

正義の太陽は、闇《やみ》を破って、大空に赫々《かっかく》と昇った。

ともあれ、いかなる時代になっても、わが創価学会に対する迫害の構図は変わらない。

しかし、仏法の鏡に照らせば、難こそ誉《ほま》れである。邪悪と戦う大闘争心に「創価の魂《たましい》」は、「師弟の精神」は、脈打ち続けるのだ。

文豪・ユゴーは叫んだ。

「流人よ！　額《ひたい》を上げよ、而《しか》して此の光明に輝《かがや》かせ！

我々の額を上げよう、若《も》しも国民が、『此等の人々の額を照すものは何ぞ？』と問ふ時、『来らんとする革命の光明なり』と答へ得るために」（『ユーゴー全集9』神津道一訳、ユーゴー全集刊行会）

その日、勝利の太陽に包まれ、不屈の人権闘争の炎《ほのお》は燃え上がった。

忘れまじ、全同志の真心を！

忘れまじ、七月十七日！

## 知性の英雄・学生部

# 民衆とともに真の人間指導者たれ！

二〇〇二年七月二日

「学なければ卑《いや》し」とは、ある裁判長の言われた有名な言葉である。

その通りだ。「学ばざるは卑し」である。私も、若き日より大好きな言葉であった。

学びゆく人には、未来があり、希望があり、輝《かがや》く勝利が待っている。

学ばざる人は、未来は闇《やみ》のごとく、人間の魂《たましい》の輝きがなくなっていく。

人生の勝利と幸福の決定打の一つは、学びゆく人に軍配があがる。

ともあれ、激動の時代である。国家であれ、企業であれ、いかなる団体も組織も、生き残りをかけて熾烈《しれつ》な戦いをしている。その一方で、政界、官界、財界をはじめ、率先垂範をすべき指導者層の不祥事が後を絶たない。

何のための指導者か。私欲を捨てて責任を貫く、至誠《しせい》のリーダーはいないのか。

「日本国には・かしこき人人はあるらめども大将《たいしょう》のはかり事つたなければ・かひなし」

（御書一二二〇ジペー）とは、現在をも映す仏法の永遠の鏡である。

今日ほど、リーダーシップの「質」が問われている時代はないであろう。

「改革が必要なのか、改革は君がするのか、

改革が必要であればあるだけ、その成就には『人格』が必要になる」（『草の葉（下）』酒本雅之訳、岩波書店）

全く、この大詩人ホイットマンの言葉の通りだ。この言葉を、現在の政治家に伝えてほしいものだ。

日本国中の人びとが心から待望しているのは、高潔《こうけつ》なる「人格」を磨《みが》き上げた、人間主義の新しきリーダーである。ここに、我が学生部の出現の使命もあるはずだ。

人間は、それぞれ何かを持ちたいという希望がある。

ある人は社会的地位を。ある人は財産を。

それは複雑雑多である。

すべて自由ではあるが、「法妙《ほうみょう》なるが故に人貴し」（御書一五七八ジペー）との御文の通り、最も大事なことは、永遠不滅《ふめつ》の絶対的幸福への妙法という大法を持つことである。

これが釈尊の結論であり、蓮祖の結論であられた。そこにのみ、永遠にわたる我が身と

我が一族の、正義と幸福の大道が厳然《げんぜん》とあることを忘れまい。

学生部の結成。それは四十五年前（昭和三十二年）の、六月三十日であった。

東京・麻布公会堂に勢揃いした、瞳《ひとみ》も涼《すず》やかな学徒のその数は約五百人であった。

戸田先生は、慈父のごとく喜ばれ、最大に激励された。

〝今日、ここに集まった学生部のなかから半分は博士に、そして半分は、それぞれの分野の大指導者に！〟

学生部は、恩師が作られた最後の組織であった。体の衰弱《すいじゃく》が進んでいた先生にとって、学生部への指導は最後の遺言となった。

この日、私は北海道から、長文の祝電を送った。「夕張炭労事件」で、労働組合の不当な人権弾圧から学会員を守るために奔走《ほんそう》していたのである。

——新しき世紀を担《にな》う秀才の集いたる学生部結成大会、おめでとう。戸田先生のもとに、勇んで巣立ちゆけ。

その直後の七月三日、魔性の権力は、私を狙い撃《う》ちにし、無実の選挙違反の容疑で逮捕・勾留《こうりゅう》したのだ。「大阪事件」である。

正義の勢力が、常に傲慢《ごうまん》なる黒き権力から嫉《ねた》まれ、憎まれるのは、人間社会の一つの方程式であるといってよい。ゆえに広宣流布の途上にあって、迫害は必然の法理であり、悲しむよりも喜ぶべき方程式なのだ。この学会の弾圧のなかに、未来に勝利の勝鬨《かちどき》をあげゆく、若き学生部は結成されたのである。

迫害のなかの誕生！

弾圧のなかの出現！

なんと素晴らしい学生部の原点であったことか。

古代ギリシャの哲学者プラトンは叫んだ。

〝炎《ほのお》の中で精錬されて、初めて黄金が出来上がる〟

私と先生とは、よくプラトンなどを語り合った。懐《なつ》かしい、懐かしい思い出である。

そしてまた、プラトンのこの言葉を、先生と確認し合ったものだ。

往々にして、知性派は臆病《おくびょう》である。学歴を持つ者に臆病な人が多い。

それに対して、庶民は大胆である。勇気がある。

ゆえに、まず、庶民の勇気ある土台を作り上げたうえに、知性派を組織してゆこうとは、先生との結論であった。そこに、相互がより良い方向へ、一段と昇華《しょうか》されてゆくにちがいないと、先生と私の対話が結ばれたのである。

ともあれ、有名なクラーク博士は、「青年よ、大志を抱け」と言った。

私は、「青年よ、怒濤《どとう》を乗り越え、勝利者になれ」と申し上げたい。

現在、北海道の広宣流布の指導者として、雄々しく戦っている、ある幹部の体験を聞き、忘れることができない。彼は、北海道から千葉の大学に入った。

幼少のころから、長い間、父は不在。病弱な母は、喀血《かっけつ》しながら、懸命に働いて四人の子どもを育てた。三玉のウドンで、一家五人が三日間暮らさねばならないこともあったという。しかし、彼は向学の思いやみがたく、岩に爪を立てるように苦学を重ね、遂に大学の進学を果たすことができた。

旅立ちの日、母は息子に手紙を託した。そこに、次のような歌がつづられていた。

「己《おの》が心　磨《みが》き磨きて　世の中の　鑑《かがみ》となりて　人に愛されよ」

苦労した母の願いは、ただ〝世のため、人のために生きよ〟ということであった。

今日の大創価学会を築いたのは、この偉大なる母たちであった。若き諸君は、その「心」

の深さを知らねばならない。この健気《けなげ》な母たちのために、一切の学問もあるのだ。

この人間の天地への感謝を忘れてしまえば、そこから尊き求道心も消えてしまうことを自覚していただきたい。

その揚げ句、力のない、見栄っ張りの愚《おろ》かな虚栄《きょえい》の人間に陥《おちい》っては絶対にならない。

学問も、教育も、人格の価値を高めるためにある。

〝この目的観の上に立つ教育の実現される日こそ、社会の持つすべての虚偽《きょぎ》と悲惨とが解決される時となる〟とは、牧口先生の指導である。


学生部結成の翌年の六月三十日——この日、私は学会の総務に任命され、ただ一人、広布の全責任を担《にな》い立った。

「六・三〇」とは、いわば、恩師の構想の実現へ、弟子が一人立ち上がる日である。

「学会創立百周年」の佳節となる二〇三〇年。

その時、今の学生部諸君は五十歳前後となろうか。

広宣流布の大組織にあっても、さらには現実社会にあっても、重要な、そして貴重な責任者としての年齢となっているだろう。

ありとあらゆる分野で、さらには、世界のあらゆる国々で、大人材となりて、生き生きと活躍する諸君の勇姿を思い描《えが》く時、我が胸は躍《おど》る。

敗北者は、創価の世界には一人もいらない。

新しき世紀の偉大なる旗手である男女学生部の友よ！

自分自身の旗を振りながら、愉快に立ち上がれ！

そして、愉快に勇気をもって勝ち進め！　後悔なき我が青春の一日一日たれ！

そこに、自分の勝利とともに、友達の勝利も築かれゆくからだ。

新世紀の指導者、君たちよ、アメリカ民主主義の父・トマス・ジェファーソン第三代大統領は叫んだ。

「各世代が先人の獲得した知識を継承し、それに自らの習得と発見を付加し、それを後世に伝え、絶え間なく集積していくことによって、人類の知識と幸福が増進されるにちがいない……何人も決めたり予想したりできないところまで、無限に」（ラルフ・L・ケッチャム著『アメリカ建国の思想』佳知晃子他訳、時事通信社）

この言葉を、私は君たちに贈りたい。

——二〇〇二年六月三十日、学生部結成四十五周年を記念して。

# 第五章
# 長編詩

二十一世紀の偉大なる指導者・学生部の友に贈る

# 学才《がくさい》の威光《いこう》！ 人生の勝利の翼《つばさ》を

快活な日光が
わが友の前進を包む！
胸燃《むねも》ゆる使命の
わが友たちは
躍《おど》り進んで
苦渋《くじゅう》の社会の中に
溌剌《はつらつ》と翼を広げゆく！

人間群の魂《たましい》に
光を強く
与えんとしながら

しっかりとした
確信ある哲学と
仏法を持って
今日も　進み歩む！

君も　あなたも！
幸運の風に包まれながら
この長く大切な人生を
生き生きと　生き生きと
人生の剣を抜いて
不幸を打ち払い

満開の花が咲きゆく
永遠の自分自身の歴史と
勝利の曲を作り給え！

君の向こうには
何が見えるか？
それを確かめながら
この人生を悔《く》いなく
正しき戦《いくさ》をしながら
枯れ葉を落とし
枯れ枝を折りながら
滾々《こんこん》と湧《わ》き出ずる
水音を聞きながら
自身の生命を
再び選びながら

今日も　運の強い
祈りを捧《ささ》げながら
歩み給え！

君の振る舞いは
二十一世紀の
すべての人から
すべての国から
祝福されゆく勉学の
一歩一歩の学才《がくさい》の威光《いこう》を
欣然《きんぜん》と刻《きざ》みゆく日々で
あらねばならない！

学識にも秀《ひい》でたる君は
何ものにも負けてはならない！

悠然《ゆうぜん》と新世紀の指導者に
育ちゆく種を蒔《ま》く
日々の地道な作業を
忘れないでもらいたい。

いま　君は
ありとあらゆる
青春の山々を登りゆく
先頭に立つ心を持つべきだ！

今日の錬磨《れんま》の主題は
「学問」であり
多くの友からの恩恵を
満喫《まんきつ》しゆく「栄光の座」を
自負していくことだ！

臆病《おくびょう》と怠惰《たいだ》の心の者は
名誉もなく　誓いもなく
腰抜けの汚名を
浴びせられてしまう。

君の　その胸に秘められた
眠っている
偉大な秀才の英知よ！
けだるい惰性から目覚めて
嵐を呼ぶが如《ごと》く
頭を振りながら
立ち上がってもらいたいのだ！

壁に突き当たっても

負けないで
悪の華《はな》に
決して惑《まど》わされるな!

君には
君にしかない
流れ出ずる涙があるのだ!
大いなる心を満たす
勝利の使命があるのだ!

強く　そして明るく
友と打ち明け話をしながら
さまざまな誘惑の
幻影を乗り越えて
崩《くず》れることのなき

自分自身の時代を
築き給え!

今日も
すべてのものが
経験である。
今日も
すべてが
完全な確信への戦いである。

その人間主義の誇《ほこ》り高き
勇気と行動を忘れない
君の決意の対象の存在は
誰人が軽蔑《けいべつ》しようとも
絶対に必要な

人間にとって　致命的に
重要な道であるからだ。

「君よ
怒濤《どとう》の中で立つ
巌《いわお》のごとくあれ！」とは
ある哲人皇帝の箴言《しんげん》である。

「能忍《のうにん》こそ成功の要諦《ようてい》なり」
これは『プルターク英雄伝』の
好きな指針である。

「幸福な人生の基盤は
自由にして　高潔《こうけつ》
不屈《ふくつ》にして　強固な心にあり」とは
ローマの哲学者の一書から
学び取った言葉である。
これを　君たちに贈りたい！

君よ！
「勇気ある孤独」であれ！
また　自分中心の
孤独であってはならない！
それは敗北である。

残忍な者たちを
友にするな！
正義の剣を持ち
正義の剣を与えてくれる
人間を求めよ！

聡明《そうめい》な友と友！
わが道を互いに
行き来しゆくことだ！
自らが求めた友と
友情を喪失《そうしつ》せず
永遠に歩みゆくことを
忘れてはならない！

君よ！
君たちよ！
ソクラテス派の
哲学者よりも　英邁《えいまい》に
三世不滅《ふめつ》の仏法という
究極の哲学の真髄《しんずい》を

持ちゆくことに決闘せよ！
暴力による多くの征服は邪道《じゃどう》！
「ダルマ（正しき法）」による
世界への足跡は
万華鏡《まんげきょう》の勝利である！

共感しながら共に
希望の彼方《かなた》に
立ち向かいゆく
変わらぬ友情の
友の名前を
永遠に忘却することなかれ！

多年にわたる

勉学に進みゆく
真実の美しい疲れ！
透明なる生命の輝《かがや》き
君は　君の友と共に
究極の英知を求めゆく。
その心の流れは
君自身を征服した
唯一最高の記念碑と
輝《かがや》くに違いない。

ああ
あの貧困な時もあった。
そして
強烈な倦怠《けんたい》の時もあった。
しかし

私を無言のうちに
甘く鋭く　励《はげ》ましてくれた母！
また高々と
松明《たいまつ》の炎《ほのお》のごとく
激励してくれた師！

私の周りには
おびただしい
敗北の若者が去っていった。
だが　最良の友は
不屈の精神と共に
常に　未来を指さし
未来を登りゆく。
その数は　数千にわたる
書物の上を

登っていくような
決意をしていた。
去りゆく友は
幻滅《げんめつ》の人生であった。

我らの離れることのない
この学問の道は
そしてまた
正義の森は
あらゆる年月を
乗り越えながら
虚栄《きよえい》を打ち破った
真の真の春秋の
かけがえのない
勇気の歴史であった！

満足と創造の歴史であった！
虚飾《きよしよく》を破壊し
邪義を卑しみ
誤《あやま》りなき確かなる
天の心に適《かな》った
驚嘆すべき道である。
私は悔《く》いない！
私は勝った！
私は　たゆみなく進む！
私には停滞はない！

新しい時代のために！
新しい人生のために！
新しい歌を歌いながら！

この道こそ
栄光を永遠ならしめることを
知ったからだ！

その道には
最高の文化が
花咲いている！
その道には
正義の勝利の
革命の劇場が見える。

我らは
この高みに立ち上がって
嫉妬《しっと》と邪悪《じゃあく》な世界を
悠然《ゆうぜん》と見下ろしていく！

悪の累積を解消して
いかねばならぬような
悔《く》いある青春で
あってはならない。

人生最後の落日を
眺《なが》める時に
喜びに堪《た》えない
大宇宙の調和に守られ
荘厳《そうごん》な天の曲を聞きながら
「ああ　私の戦いは
宿命的なものであった！
果てしなく続いた
この戦いに

私は満足である！」と
誇《ほこ》り高く言える君であれ！

若き師子王たる君よ！
「前三後一」の法理を
忘れてはならない。

新しき世紀を
追い求める者の
勉学の結合は
生涯にわたって
悔恨《かいこん》が残ることはなく
誰も　彼もが
君の　その瞳《ひとみ》を見ながら
「君は勝ちたり！」と

満足の喝采《かっさい》を贈る。

君は　天高く舞い上がった！
青春の勝利の翼《つばさ》を得た！

君よ！　響きわたる
確信の声を張り上げ
多くの書を読みながら
勝利と希望の山を
楽しそうに登りゆき給え！

二〇〇〇年六月三十日

学生部結成記念の日に寄せて

**若き知性の君に贈る**
池田名誉会長のスピーチ・指針集

2003年9月8日　発　行
2011年6月10日　第10刷

編　者——創価学会学生部
発行者——松　岡　　資
発行所——聖　教　新　聞　社
〒160-8070 東京都新宿区信濃町18
電話 03(3353)6111(大代表)
印刷所——明和印刷株式会社


Printed in Japan
落丁本、乱丁本はお取りかえいたします。
＊定価は表紙に表示してあります。
ISBN978-4-412-01246-2